तुम्हें खोजने का खेल खेलते हुए

विष्णु खरे की कविताओं के बारे में कुछ बातें

तुम्हें खोजने का खेल खेलते हुए

विष्णु खरे की कविताओं के बारे में कुछ बातें

व्योमेश शुक्ल

वाणी प्रकाशन

वाणी प्रकाशन

4695, 21-ए, दरियागंज, नयी दिल्ली 110 002

फ़ोन : +91 11 23273167 फ़ैक्स : +91 11 23275710

शाखाएँ

अशोक राजपथ, पटना 800 004, बिहार

कॉफ़ी हाउस कैम्पस, महात्मा गांधी मार्ग, इलाहाबाद 211 001, उत्तर प्रदेश

महात्मा गांधी अन्तरराष्ट्रीय हिन्दी विश्वविद्यालय, वर्धा 442 001, महाराष्ट्र

सुल्तानिया रोड, मोतिया पार्क, भोपाल 462 001, मध्य प्रदेश

www.vaniprakashan.com
marketing@vaniprakashan.in
sales@vaniprakashan.in

TUMHEN KHOJANE KA KHEL KHELATE HUE
by Vyomesh Shukla

ISBN : 978-93-89915-97-6
Criticism

प्रथम संस्करण 2021

मूल्य : ₹ 199

शिव शक्ति प्रिंटर्स, दिल्ली-110 095 में मुद्रित

वाणी प्रकाशन का लोगो मक़बूल फ़िदा हुसेन की कूची से

मंगलेश डबराल के लिए

सिलसिला

कहीं कोई तरतीब नहीं

वह जो एक बुझता हुआ सा कोयला है
फूँकते रहना है उसे
हर बार राख उड़ने से
जिससे भौंह नहीं आँख को बचाना है
वह थोड़ा दमकेगा
जलकर छोटा होता जायेगा
लेकिन कोई चारा नहीं फूँकते रहने के सिवा

ताकि जब न बचे साँस
फिर भी वह कुछ देर तक सुलगे
उस पर उभर आयी राख को
यकबारगी अन्देशा हो लम्हा भर तुम्हारी साँस का
अंगारे को एक पल उम्मीद बँधे फिर दमकने की

इतना अन्तराल काफ़ी है
कि अप्रत्याशित कोई दूसरी साँस जारी रखे यह सिलसिला

–विष्णु खरे

एक

विष्णु खरे की कविता 'दूरबीन'। यह उनके तीसरे कविता-संग्रह 'खुद अपनी आँख से' में शामिल है। 2013 में वह चेकोस्लोवाकिया में इसका पाठ करके लौटे थे और वहाँ के लोगों को यह ख़ूब पसन्द आयी थी। इसी साल इसका अनुवाद फ्रेंच और जर्मन में हुआ। हमें पता है कि अपने लेखक-जीवन की शुरुआत में लगभग दो बरस तक विष्णु खरे चेकोस्लोवाकिया में रहे थे। वह कम्युनिस्ट ज़माना था। प्राग में—जहाँ वह रहते थें—सेकेंड हैंड चीज़ों की दुकानें होती थीं। ग़रीब लोग अपने घर की पुरानी चीज़ें वहाँ ले जाकर बेचते थे। लेकिन वहाँ नियम यह था कि आप चीज़ लाइए और रख दीजिए। जब ग्राहक आयेगा—पन्द्रह-बीस दिन, महीने या साल-भर बाद—और दाम देगा, तो दुकान का कमीशन काटकर बाक़ी पैसा आपको दे दिया जायेगा। लेकिन जिन ज़रूरतमन्द लोगों को तत्काल अपनी चीज़ बेचनी होती थी, वे वहाँ आकर बैठ जाते थे और बैठे-बैठे या खड़े होकर दुकान में आने-जाने वाले लोगों को अपनी चीज़ दिखाते थे कि हमें यह चीज़ बेचनी है। ग्राहक आया, वहीं पैसे दिये और सामान ले गया। इस कविता का नायक—एक बूढ़ा—प्राग की वैसी ही एक दुकान में खड़ा है और सामान बेच रहा है, क्योंकि उसे भी तुरन्त पैसे चाहिए।

अपने चिरपरिचित आवेग में विष्णुजी कह दिया करते थे कि यह भारत की नहीं, चेकोस्लोवाकिया की कविता है, क्योंकि कबाड़ी बाज़ार और कुछेक शहरों की सेकेंड हैंड किताबों की दुकानों को छोड़ दिया जाय तो हमारे देश की सीधी ख़रीदो-फरोख़्त में सेकेंड हैंड चीज़ों की कोई जगह नहीं है; सो इस बात को मान लेने में भी कोई मुश्किल न थी।

विष्णु खरे ने जब यह कविता लिखी थी, तब वह ज़्यादा से ज़्यादा चालीस साल के रहे होंगे। 'जयश्री प्रकाशन' से 'ख़ुद अपनी आँख से' का प्रकाशन 1980 में हुआ थों—लेकिन अपनी मृत्यु के चार बरस आठ महीने और अपने जिगरी दोस्त, समानधर्मा मराठी कवि नामदेव ढसाल की मौत के कुछेक दिन पहले—74 की उम्र में, '14 की जनवरी की एक शाम बनारस में इस कविता को याद करते हुए उन्होंने मुझसे कहा—'मैं उस कविता के बूढ़े की हालत में आ गया हूँ और यह जो मेरे हाथ में है, मेरी दूरबीन है। अब मैं इसे लेकर खड़ा हूँ, जैसे कोई आयेगा और इसे ख़रीद लेगा।'

यह कहते हुए उनके हाथ में उनका तीसरा कविता-संग्रह 'ख़ुद अपनी आँख से' था—जिसमें 'टेबिल', 'दोस्त', 'कोशिश', 'उल्लू' और 'कूकर' जैसी कविताएँ हैं—जिन्होंने अपने गद्य की ताक़त से सत्तर के दशक के आरम्भ में पहले प्रकाशन के बाद से ही हिन्दी कविता की भाषा को हमेशा के लिए बदलकर रख दिया।

दूरबीन

पुरानी चीज़ों की दूकान के जँगले के पास
मुड़कर खड़ा हुआ बूढ़ा
दूरबीन बेच रहा है।

'बेच रहा है' कहना शायद ग़लत है
वह सिर्फ़ हाथ में दूरबीन लिए खड़ा हुआ है
और हर नये देखने वाले के आने पर थोड़ा हिलता है
बस इतना कि उस सम्भावित ग्राहक को
वह और उसके हाथ में लटकी दूरबीन दिख जाये

जो टिकाऊ और भारी है—पुरानी, उपयोगी चीज़ों की तरह,
भले ही उसका पट्टा समय की दीमकों ने इधर-उधर से कुतर लिया है
और ख़ुद दूरबीन भी उन जगहों से पीली पड़ गयी है
जहाँ देखते समय उस पर अँगुलियाँ होती हैं और भौहें। ज़ाहिर है
उसका ख़ासा इस्तेमाल हुआ है।

बचपन। चिड़ियों की उड़ान। क्षितिज पर रेलगाड़ी। भागते ख़रगोशों की लाल आँखें।
गर्मियों में पहाड़ों का हरा मखमल। साइकिल पर ढलान से उतरती हुई वह लड़की।
अलग-अलग फ़ौजों के सिपाही और बख़्तरबन्द वाहन।
सन्नाटे में देखी गयी मौत।
इस पितलाई हुई चीज़ के ज़रिये खींचे गये
दिमाग़ के धुँधलाते अलबम में ज़र्द पड़ते हुए ये चित्र
बिकाऊ नहीं हैं।

सिर्फ़ दूरबीन बिकाऊ है। जाले पड़ी हुई आँखों के लिए
अब वह शग़ल नहीं तकलीफ़ है और पेंशन के इन दिनों में
सिर्फ़ एक वज़न पुराने काग़ज़ात को हवा से बचाने के लिए
जो अँगुलियों से छूट भी सकता है। इस समय
जबकि जितना जो-कुछ सहेजा था उससे निस्पृह होने का वक़्त है
पुरानी चीज़ों की दूकान के जँगले के पास
मुड़कर इन्तज़ार में खड़ा हुआ बूढ़ा
महज़ चुप हरकतों से जो बेच रहा है
वह एक पुरानी चीज़ और ज़िन्दगी के हिस्से के बीच स्पन्दित कुछ है
दूरबीन वह हो या न हो।

दो

विष्णु खरे ने क्रिकेट पर तीन कविताएँ लिखी हैं—'स्कोर बुक', 'कवर ड्राइव' और 'सिंगल विकेट सीरीज़'। ये उनके चौथे कविता-संग्रह 'सबकी आवाज़ के पर्दे में' में हैं। यह संग्रह 1994 में आया था और मेरे ख़याल से, ये कविताएँ क्रिकेट पर हिन्दी की पहली कविताएँ हैं। जब भी 'कवर ड्राइव' पर बात हुई, विष्णुजी ने कहा कि 'अभी मुझे क्रिकेट की एक बहुत बड़ी कविता लिखनी है। क्रिकेट खेलने के कर्तव्य पर—इस बात पर कि क्रिकेट खेलने का धर्म होता क्या है। वह मैं लिखूँगा कभी।'

आगे चलकर इस कविता में एक दिलचस्प कहानी भी जुड़ गयी। '95 में विष्णु खरे को 'रघुवीर सहाय पुरस्कार' दिया गया। नयी दिल्ली के विट्ठलभाई पटेल हाउस सभागार में आयोजित पुरस्कार-समारोह के दर्शकों में 13-14 वर्ष का एक बच्चा भी बैठा हुआ था। वह बच्चा अपने साथ क्रिकेट का बैट लेकर आया था। विष्णुजी ने उससे बैट माँग लिया और बैट लेकर यह कविता सुनाई। कविता पढ़ने से पहले विष्णु खरे ने बाक़ायदा कवर ड्राइव शॉट खेलकर दिखलाया भी। कवर ड्राइव की जिस अदा का ज़िक्र कविता में है, कवि ने बैट के साथ उसे करके दिखाया।

कवि-आलोचक मित्र पंकज चतुर्वेदी से यह दास्तान मैंने पहले ही सुन रखी थी। जनवरी 14 की एक शाम बनारस के एक कार्यक्रम में विष्णुजी मंच से भाषण दे रहे थे कि अचानक दर्शकदीर्घा में उन्हें एक बच्चा दिखा, जो सर पर किसी कुत्ते की आकृति वाली टोपी पहने हुए था। अब विष्णु खरे भाषण में कहने लगे कि यह कितनी प्यारी बात है कि कोई अपने साथ कुत्ता लेकर आया है। लेकिन वहाँ कोई कुत्ता नहीं लाया था,

बल्कि, जैसा पहले कहा गया, वह एक छोटा बच्चा था—जिसने सर पर कुत्ते की आकृति वाली टोपी लगा रखी थी। पल-भर में विष्णुजी ने भी उस छोटे बच्चे और उसकी टोपी को देख लिया और उसी आह्लाद के साथ बोले कि 'नहीं-नहीं', यह एक बच्चा है जो कुत्ते की टोपी लगाकर आया है।' सभागार के लाइटमैन चतुर-सुजान थे। उन्होंने तत्काल फॉलोस्पॉट की रौशनी का मुँह बच्चे की ओर घुमा दिया। अब वह बच्चा प्रकाशवृत्त के आभामण्डल में था और उसे देखकर पूरा सभागार तालियाँ बजा रहा था।

मैंने सोचा—'अगर वाकई इस सांस्कृतिक कार्यक्रम के दरमियान कोई अपना पालतू कुत्ता लेकर चला आता—जैसा विष्णुजी को लगा था—तो क्या वह और ख़ुश होते?' मैंने अनुभव किया—ऐन इस पल में यहाँ मौजूद सारे लोग एक न कुछ-सी शर्त पर पूरे-पूरे बदल गये हैं—ये बदले हुए लोग हैं—जो कुत्ते वाली बात पर ताली बजा रहे हैं और ताली बजा चुकने के बाद फिर पहले जैसे हो जायेंगे।

विष्णु खरे के पास कितना ग़ैरपारम्परिक दिमाग़ था—जो उनकी रचनाओं के साथ-साथ ज़िन्दगी की साधारणतम घटनाओं के बीच भी किसी महताब की तरह रौशन हो उठता था।

मैच-फिक्सिंग और अन्धराष्ट्रवाद की ट्रैजिक घेरेबन्दी के बीच क्रिकेट जब भावनाओं और आवेगों के युद्ध में बदल गया है—'कवर ड्राइव' जैसी कविता हमें हिन्दी कविता की उस 'शान्त शक्ति' की याद दिलाती है, जिसकी पहचान आज से लगभग पैंतीस साल पहले रघुवीर सहाय ने विष्णु खरे की ही कविता के सिलसिले में की थी। उनके कविता-संग्रह 'ख़ुद अपनी आँख से' की समीक्षा करते हुए रघुवीर सहाय ने लिखा है—'विष्णु खरे की वस्तु-योजना अद्भुत धीरज और साहस के साथ, जो कि अपनी अनुभूति को सम्प्रेषित हो जाने तक बचाये रखने के लिए कवि को चाहिए, एक शान्त शक्ति वाली भाषा तैयार करती है। यह उपलब्धि आधुनिक कविता के प्रयत्न को सम्पूर्ण बनाती है। और विष्णु खरे की कविता को अद्वितीय।'

यानी, कविता पढ़कर हम लोग भी विष्णु खरे से कह सकते हैं—वेल प्लेड सर।

कवर ड्राइव

कभी रहा होगा क्रिकेट आज नहीं रहा प्रतिष्ठा का प्रश्न
लेकिन क्या बात है कि मैं अब भी
क्रीज़ पर खड़ा होकर अपनी कवर ड्राइव
आज़माना चाहता हूँ

मत-वैभिन्य हो सकता है
लेकिन मेरे मुताबिक़ बैटिंग का
सबसे तृप्तिकर तथा प्रियदर्शी शॉट होता है वह
जब कोई बिगड़ी हुई आउटस्विंगर या ऑफ़-ब्रेक
दायें तुमसे कोई तीन फ़ुट आगे गिरती है
और इसके पहले कि टप्पा खाने के बाद गेंद कुछ ज़्यादा उछल जाय
उसे तुम बमुश्किल एक फ़ुट की ऊँचाई पर
ले लेते हो बल्ले के बीचोंबीच
ज़ाकिर के बायें जैसी मीठी थाप होती है
और दोनों स्लिप गली थर्डमैन और ख़ुद कवर का फ़ील्डर
ठिठके रह जाते हैं

सवाल यह नहीं है कि वह बाउंड्री पार करता है या नहीं
जहाँ तक जाय वहाँ तक एक लमहा ग़ौर से देखो उसे
रोक भी लिया जाये तो कोई मलाल नहीं
जो दरकार है वह है गेंद को समझ लेना
और बर्बाद न जाने देना
सारी गति दोनों हाथों और सीने में समेटना
वज़न बायें पैर पर जो आगे है
शरीर को उठाना एक सरल रेखा में एड़ियों पर
सिर्फ़ उस एक सेकंड के लिए
और पकड़ में कोई ठनक न महसूस करना
यह न भूलते हुए कि सब कुछ दरअसल दिमाग़ में होता है
हिट के बाद नटराज की तरह एक पैर उठाये रखना अशोभन है

क्रिकेट में यदि स्टाइल को भी ज़रूरी समझते ही हो
तो ऊपर उठे बल्ले को सिर्फ़ एक बार हैंडिल से घुमाओ फिरकनी की तरह
दस्तानों को दाँतों से थोड़ा खींचकर कसो
कैप को सामने से छुओ बैट के कोण से समान्तर बनाते हुए
पिच पर दिखने वाले काल्पनिक ज़र्रों को हटाओ ध्यान से
लेकिन इन्हें स्वभाव बनाओ भंगिमाएँ नहीं
अगली गेंद के लिए तैयार
रनों के हिसाब मत रखो मन ही मन
तालियों या फ़िक़रों से बेख़बर
यह देखो कि बाउंड्री के बावजूद वह रवानी और सफ़ाई
अब भी नहीं आ पायी है
कुछ दूर तक अपिश सा क्यों गया था शॉट

क्या रखा है सिद्ध करने में
कि जब भी उतरोगे ठीकठाक खेल ही लोगे
फिर भी किशोरों के रविवारी प्रैक्टिस मैच देखने रुके रहते हो
तटस्थ दिलचस्पी दिखाते हुए कि उनमें से कोई कहे किसी दिन
आइए अंकल खेलिए
और तुमसे अब भी एकाध बार पॉइंट का वह स्ट्रोक मुमकिन हो
जिसे तुम अब तक कल्पना और सपनों में
मुकम्मिल करते रहना नहीं छोड़ते नामालूम क्यों

तीन

'सिंगल विकेट सीरीज़'। क्रिकेट पर विष्णु खरे की तीसरी और आख़िरी कविता। उनके चौथे कविता-संग्रह 'सबकी आवाज़ के पर्दे में' में ये तीनों कविताएँ क्रम से प्रकाशित हैं और उन तीनों में भी यह तीसरी है। सिंगल विकेट सीरीज़ एक ऐसी क्रिकेट प्रतियोगिता है जिसमें सिर्फ़ एक बल्लेबाज़ होता है और एक गेंदबाज़। फील्डर्स ज़रूर होते हैं, लेकिन वे दोनों प्रतियोगियों के लिए बारी-बारी से फील्डिंग करते हैं। यों, यह खेल दो टीमों नहीं, दो खिलाड़ियों के बीच होता है। गेंदबाज़ का काम है बल्लेबाज़ को आउट करना और बल्लेबाज़ का काम है आउट न होते हुए रन बनाते जाना। उन्नीसवीं सदी में कुछ अलग नियमों के साथ इंग्लैंड में यह बहुत लोकप्रिय था। आज के दौर में खेल के ऐसे संस्करण जनप्रिय नहीं होते, लेकिन मुख्यधारा क्रिकेट की निरन्तरता से पैदा होने वाली एकरसता और ऊब से निकलकर स्वाद बदलने की ग़रज़ से इसे समय-समय पर राष्ट्रीय-अन्तर्राष्ट्रीय स्तर पर आज़माया जाता रहा है।

विष्णु खरे अपनी मृत्यु को किसी वैज्ञानिक की-सी तटस्थता और जिज्ञासा के साथ देख सकते थे। अपनी माँ, दो बुआओं, पिता, मुक्तिबोध, श्रीकान्त वर्मा और रघुवीर सहाय की मृत्यु के अनुभव हमेशा—किसी रोज़ाना तथ्य की तरह—उनके साथ रहते थे। इस कविता में मृत्यु की बात कहने के लिए क्रिकेट—और उसमें भी सिंगल विकेट सीरीज़ जैसे अनोखे फॉर्मेट का रूपक की तरह इस्तेमाल किया गया है।

ऐसी कविता का आशय बताना या खुल्लमखुल्ला उसकी व्याख्या करने लगना कोई अच्छी बात न होगी, क्योंकि समझने वाले लोग तो बग़ैर किसी टिप्पणी के भी उसे समझते आये हैं; फिर भी, यह तय है कि यह कविता

एक ऐसे मैच के बारे में है, जो मौत और विष्णु खरे के बीच खेला जा रहा है। विष्णु खरे बैटिंग कर रहे हैं और बॉलिंग मृत्यु कर रही है। हममें से कई लोग जानते हैं कि विष्णुजी पर इंग्मार बर्गमान की कालजयी फ़िल्म 'द सेवेन्थ सील' का बहुत असर रहा है। यह कल्पना ही बहुत अजीब और लोमहर्षक है कि कोई ज़िन्दा आदमी मौत के साथ मैच खेल रहा है। उस फ़िल्म में शतरंज है, इस कविता में क्रिकेट।

ज़रिया क्रिकेट ही क्यों न हो, मौत के खेल का ऐसा कलात्मक विवरण किसी भी समझदार और संवेदनशील आदमी को भय से रोमांचित कर सकता है। यहीं रुककर हमें हिन्दू धर्म-परम्परा में मृत्यु के देवता यमराज और उनके वाहन भैंसे के रूपक को सोचना चाहिए, जो यों तो बहुत विकराल है, लेकिन उस पर बासन इस कदर घिस दिया गया है कि उसका मुलम्मा छूट गया है। उसे याद करके अगर भय से ज़्यादा हास्य उत्पन्न हो जाय तो कोई अचरज नहीं। बनारस और उज्जैन के महाश्मशानों, अहर्निश जलती चिताओं, नदी और राख के कुछ बिम्बों को छोड़ दें तो हिन्दू धार्मिकता में मृत्यु उतनी कलात्मक चीज़ नहीं है। यहूदी और ईसाई धर्म में 'एंजेल ऑफ़ डेथ' जैसी ज़्यादा रचनात्मक अवधारणाएँ हैं। शायद इसलिए वे 'सिंगल विकेट सीरीज़' जैसी कविता या 'द सेवेन्थ सील' सरीखी फ़िल्म के ज़्यादा काम आ सकी हैं। मौत घोड़े पर सवार काले चोगे में आती है। घोड़ा भी दौड़ता नहीं, धीमे चलता हुआ; बल्कि ज़मीन पर उड़ता हुआ आता है। पल-भर के लिए घुड़सवार का चेहरा दिखता है।

बर्गमान की फ़िल्म में मरने वालों को मौत नाचती हुई ले जाती है। उसका काला चोगा हवा में लहरा रहा है और हाथ में बसूला है। उसी से सबका सिर काटकर वह नाचती हुई चलती चली जा रही है। बर्गमान की फ़िल्म के इस दृश्य और विष्णु खरे की कविता के अन्त में अद्भुत कलात्मक साम्य है। दोनों इस बिन्दु पर एक-दूसरे में मिल जाती हैं।

यह समझने में कोई मुश्किल नहीं है कि अगर सिंगल विकेट सीरीज़ जैसी प्रतियोगिता न हुई होती तो विष्णु खरे को मौत के अनुभव का रूपक खोजने के लिए किसी दूसरे खेल में जाना पड़ता। पता नहीं वह ऐसा करते या नहीं। शायद न करते। 'कवर ड्राइव' और 'स्कोरबुक' जैसी कविताएँ बताती हैं कि

क्रिकेट उन्हें कितना पसन्द था। दूसरे, अगर मौत आपके सामने बॉलिंग कर रही है और आपको आउट करना चाहती है तो वह आपको आउट करेगी ही। आप बच नहीं सकते। बहुत मुमकिन है कि वह आपको क्लीन बोल्ड कर दे। टेस्ट और वनडे क्रिकेट के स्थायी रोमांच से अलग सिंगल विकेट में दो खिलाड़ियों की आमने-सामने भिड़ंत ने ही कवि को ज़िन्दगी और मौत के बीच मुक़ाबले तक सोच ले जाने की जगह दी होगी। अपने सर्वोत्तम दिनों में शोएब अख़्तर और ब्रेट ली जैसे गेंदबाज़ रनअप पर दौड़ते हुए हम सबको, कभी-न-कभी, मौत के फ़रिश्ते भी लगा किये हैं।

सिंगल विकेट सीरीज़

मैंने अभी अभी फिर गार्ड लिया है
जूतों पैड दस्तानों हैल्मेट की कसावट को जाँचा है
सामने की पिच को बैट से बराबर किया है
कुछ आश्वस्त कुछ व्यग्र
अब तक एकाध दफ़ा बीट हुआ हूँ
लेकिन अगली गेंद की प्रतीक्षा में हूँ

रोशनी के चार खम्भों से सैकड़ों रोशनियाँ हो गयी हैं स्टेडियम में
मैदान की हर चीज़ की परछाईं को चौगुना करती हुईं
मैं भी अपने ही अक्स के कटपट निशान वाले चार सायों के बीच
पाँचवाँ खड़ा हूँ
अजीब चुप्पी है दीर्घाओं में
क्या यह कोई ऐसा क्षण है जिसने सबकी साँसें रोकी हुई हैं

तभी दूसरे छोर से प्रकट होता है वह
अश्वारोही जैसा तेज़ फिर भी मानो चाँद पर चलता हुआ
काली सी पोशाक में जैसे कोई चोग़ा उड़ रहा हो पीछे
फेंकता है गेंद वह सर झटककर
उसका पंजा झलकता है एक पल के लिए
कनपटी और जबड़े की रेखाएँ उभरती हैं

आँखें धँसी हुई इसलिए सिर्फ़ काले विवर दिखते हैं
उसके दाँत चमके थे एक बार देखा हुआ सा लगता है फिर भी
कौन है पोशीदा यह जिसका मुक़ाबला मैंने पहले कभी नहीं किया

लेकिन मेरे पैर सीसे के हो गये
मेरा बल्ला पत्थर का
कलेजा और हाथ सर्द होठ सूखे पपड़ियाये
और अपने पैरों के पीछे व सीने पर मैंने वह परिचित आवाज़ सुनी
जैसे हवा से दरवाज़ा खुलने पर लैबोरेटरी में
दीवार से काल्बुद खड़खड़ाया हो

ये यकायक बत्तियाँ किसने बुझा दीं
देखने वाले क्यों हो गये गूँगे
स्टेडियम में यह क्या सिर्फ़ हवा की साँय-साँय है
अपने स्तम्भित पथरायेपन से मैं ही कैसे निकल आया बाहर
जैसे सारी पोशाक के खोल से मुक्त हुआ हूँ
कि अपने तिरते हुए वेग में वह आ चुका होता है मेरे पास
कन्धे पर महसूस करता हूँ मैं
उसकी ढाढस बँधाती मगर मज़बूत साग्रह पकड़
फिर अँधेरे में ही आख़िरकार उसके काले नक्श पहचानकर कहता हूँ
वैल बोल्ड सर
पिच मैदान बुझी बत्तियाँ अँधेरा स्टेडियम
सब जैसे नीचे होते जाते हैं तब तलक
फिर वह गेंद फेंकता रहता है मेरे हाथों में और मैं वापस उसे
जब हम ओझल होते चलते हैं
कहीं और किसी अगले दौर के एकल खेल के लिए

चार

आपात्काल। आज़ाद भारत की इस डरावनी सचाई के साथ विष्णु खरे का रिश्ता सीधा-सादा नहीं, वक्र और टेढ़ा-मेढ़ा है। उनकी एक कविता 'नेहरू-गाँधी परिवार के साथ मेरे रिश्ते' हमें बतलाती है कि इमर्जेंसी के दौरान अपने एक युवा-कांग्रेसी मित्र की पत्रिकाओं के लिए विशेष बातचीत के वास्ते वह संजय गाँधी से मिले थे और उनसे अपने समाजवादी कविमित्र गिरधर राठी की रिहाई और किशोर कुमार के गानों के प्रसारण पर लगी कथित बन्दिशों के बारे में बात भी की थी। संजय गाँधी ने दोनों ही बातों का टका-सा जवाब दे दिया था। इस प्रसंग में कविता का एक अंश गौरतलब है :

'कई सुरक्षा जाँचों से गुज़रकर पहुँचा राष्ट्र के सबसे ताक़तवर नौजवान के सामने
जो फ़र्नीचर से लगभग पूर्णतः रहित धुँधले से कमरे में बैठा था अकेला
वह बहुत कम बोल रहा था लेकिन चेहरे से साफ़ था
कि उसे मेरी बातें अजीब और हास्यास्पद लग रही हैं
यही कहा उसने कि किशोर कुमार कौन है उसके गानों पर मैंने तो रोक नहीं लगाई
और यह कि अपने दोस्त से कहिए माफ़ी माँग ले छूट जायेगा
रेडियो पर फिर कैसे बजने लगा दुखी मन मेरे यह कह नहीं सकता
लेकिन आदर्शवादी दोस्त ने माफ़ी माँगने से इनकार कर दिया'

एक और कविता 'मुआफ़ीनामा' के मुताबिक़ संजय गाँधी का धमकीनुमा सन्देश लेकर वह कविमित्र गिरधर राठी से मिले भी। 1975-76 में हुई उस मुलाक़ात के दौरान एक क़ैदी कवि और एक आज़ाद कवि के बीच इस

बारे में किस तरह की बातचीत हुई होगी, इसकी कल्पना हम कविता पढ़े बिना भी कर सकते हैं :

'मुझे मालूम था कि इस बातचीत से कुछ हासिल नहीं होगा
फिर भी औपचारिक फ़र्ज़ था कि बतलाता
भाई संजय गाँधी कहता है कि आपका दोस्त माफ़ी माँग ले छूट जायेगा

छोड़िए आप किन चक्करों में पड़े हैं
कहा गिरधर ने और अपने तरीक़े से मुस्कराता चुप हो गया'

कविता का नाम है 'मुआफ़ीनामा' और काव्यनायक गिरधर राठी माफ़ी माँगने को तैयार नहीं हैं। तब कौन किससे माफ़ी माँग रहा है? क्या विष्णु खरे? शायद हाँ। शायद नहीं। यह जानना दिलचस्प है कि ख़ुद गिरधर राठी इस मुद्दे पर क्या कहते हैं—'उस दिन थाने में माफ़ीनामा लिखने की पेशकश उन्होंने मुझसे की, मैंने मना कर दिया, और वे चले गये। ...क्या इस कविता से यह लगता है कि उनमें भी कोई अपराध-बोध जागा था? और मुआफ़ीनामा उनकी तरफ़ से था?'

जो भी हो, यह दृष्टान्त आपातकाल के बारे में विष्णु खरे के नज़रिये का एक पहलू-भर है, क्योंकि एक बार उन्होंने मुझे बताया था कि वह राजनीतिक कविताओं की एक सीरीज़ लिखना चाहते थे, जिसका नाम होता 'ये ग़ज़लें नहीं'। इस सिलसिले की शुरुआत में उन्होंने दो कविताएँ लिखीं—'स्वीकार' और 'डरो'। इन कविताओं के पीछे आपातकाल बहुत सक्रिय है। दरअसल, ये आपातकाल से प्रेरित कविताएँ ही हैं। 'डरो' को विष्णु खरे 'ग़ज़लनुमा चीज़' कहते थे। 'पिछला बाक़ी' में प्रकाशित इस कविता पर 12 जुलाई, 1976 की तारीख़ पड़ी हुई है। विष्णु खरे ने ही यह भी बताया था कि भोपाल में जनता के एक कार्यक्रम में यह कविता इसी तारीख़ को पहली बार पढ़ी गयी थी और उस आयोजन में क़रीब साढ़े तीन-चार सौ लोग शामिल हुए थे। विष्णु खरे लिखकर अपना हाथ कटाने वाले व्यक्ति थे और कविता के साथ वह इस बात की सनद भी बचाये रखना चाहते रहे होंगे कि इमरजेंसी के बीच एक सार्वजनिक जलसे में इसका पाठ हुआ था। शमशेर बहादुर सिंह कह गये हैं कि कवि के लिए उसकी कविता एक बार लिखी जाकर हमेशा प्रकाशित होती है, लेकिन एक राजनीतिक कविता का प्रकाशन शायद तब

पूरा होता है, जब वह उन लोगों के बीच पहुँच जाती है, जिनका पक्ष लेकर वह सत्ता-प्रतिष्ठान का विरोध करने का जोख़िम उठा रही है। इस कविता का पाठ उन्होंने संसार के कई देशों में किया और इसका अनुवाद अंग्रेज़ी, जर्मन, डच और रूसी के अलावा अन्य भाषाओं में भी हुआ है। हर भाषा में यह सफल रही है। इस कविता के पीछे का फ़ासिस्ट माहौल योरप को ख़ूब समझ आता है, क्योंकि वहाँ के लोग इसे सीधे-सीधे भुगत चुके हैं। यह कविता जितनी आपात्काल के दरमियान भारत में प्रासंगिक थी, योरप की स्मृतियों के कारण वहाँ आज भी उतनी ही प्रासंगिक है।

तो दोस्तो, 'डरो' को 12 जुलाई, 1976 की नहीं, 12 जुलाई, 2020 की कविता की तरह पढ़ना है; और मुद्दा अनुवाद्यता नहीं प्रासंगिकता है।

डरो

12 जुलाई, 1976
कहो तो डरो कि हाय यह क्यों कह दिया
न कहो तो डरो कि पूछेंगे चुप क्यों हो

सुनो तो डरो कि अपना कान क्यों दिया
न सुनो तो डरो कि सुनना लाजिमी तो नहीं था

देखो तो डरो कि एक दिन तुम पर भी यह न हो
न देखो तो डरो कि गवाही में बयान क्या दोगे

सोचो तो डरो कि वह चेहरे पर न झलक आया हो
न सोचो तो डरो कि सोचने को कुछ दे न दें

पढ़ो तो डरो कि पीछे से झाँकने वाला कौन है
न पढ़ो तो डरो कि तलाशेंगे क्या पढ़ते हो

लिखो तो डरो कि उसके कई मतलब लग सकते हैं
न लिखो तो डरो कि नयी इबारत सिखाई जायेगी

डरो तो डरो कि कहेंगे डर किस बात का है
न डरो तो डरो कि हुक्म होगा कि डर

पाँच

विष्णु खरे विदेशी नामों के उच्चारण को मूल भाषा के लिहाज़ से बरतने के हिमायती थे। इस बात पर कई बार उनका लेखकों से वाद-विवाद हुआ जो बहुत अप्रिय भी हो उठता था।

बहरहाल, 2013 में, मैं अपने मित्र अनुराग वत्स की प्रेरणा और उकसावे पर महान फ्रेंच फ़िल्मकार रॉबर्ट ब्रेसाँ की नोटबुक 'नोट्स ऑन द सिनेमेटोग्राफ़र' के अलग-अलग हिस्सों का अनुवाद कर रहा था। वह अनुवाद लगभग साथ-साथ प्रिंट में 'पहल' और डिजिटल दुनिया में 'सबद' पर प्रकाशित हुआ। विष्णुजी को 'रॉबर्ट ब्रेसाँ' के नाम का यह अनुवाद पसन्द न आया होगा, तो क्रोध में भरकर उन्होंने मुझे और 'सबद'-सम्पादक अनुराग वत्स को एक वाक्य का पत्र लिखा।

'कृपया रोबेर ब्रेसों पढ़ें अन्यथा भाड़ में ही जाने दें।'

छह

विष्णु खरे अतिरेक को आलोचनात्मक विश्लेषण के औज़ार की तरह इस्तेमाल करते थे। एक बार की बात है, एक महफ़िल में कुछ कवियों के महत्त्व पर बातचीत हो रही थी और बातचीत करने वाले एक-दूसरे से असहमत थे, कि तभी एक बुद्धिमान मित्र ने कहा कि वक़्त तय करेगा कि इनमें कौन बड़ा कवि है।

विष्णु खरे उस मित्र पर बहुत नाराज़ हो गये और आवेग में भरकर बोले कि मैं वक़्त को यह नहीं तय करने दे सकता कि इनमें से बड़ा कवि कौन है; यह मुझे ही तय करना होगा।

ऐन उस पल में विष्णु खरे का मुक़ाबला समय से था। शमशेर के शब्दों में—'काल तुझसे होड़ है मेरी।'

सात

विष्णु खरे का आत्माभिमान। वह इतने बीहड़ थे कि अपनी ओर से उनसे कोई निजी या अन्तरंग बात कहना मुश्किल था। हाँ, ऐसी बात अगर वह चाहें तो कभी-भी हो सकती थी।

कवितापाठ के एक आयोजन के दौरान उन्हें सर्दी-जुकाम और गले में ख़राश की हल्की-सी शिकायत थी। मैंने संकोच के साथ उनसे गर्म पानी पी लेने की पेशकश की। वह मेरा प्यार मेरा डर समझ गये और हमेशा-जैसी निस्संगता से बोले—'मैं अपने गले से भी ट्रिक कर लेता हूँ। कहाँ से आवाज़ को निकालना है कि उसमें बलगम की आवाज़ सुनाई न पड़े, थोड़ी बहुत ट्रेनिंग इसमें है।'

मैंने तुरन्त सोचा था कि जल्द-से-जल्द यह बात भूल जाऊँगा, लेकिन सोचा हुआ कहाँ होता है।

आठ

मनुष्य के अस्तित्व के रहस्य और सृष्टि की तहों को सम्बोधित बहुत-सी अच्छी कविताएँ विष्णु खरे ने लिखी हैं; बल्कि रोज़ाना ज़िन्दगी के प्रत्यक्ष राजनीतिक अनुभव की कविता के बाद यह उनके कवि-व्यक्तित्व का दूसरा सबसे बड़ा कार्यक्षेत्र है। इस इलाक़े में उन्होंने बहुत 'हाइटेंड सेंसिबिलिटी' पर काम किया है। इसके भी आगे चलकर, कई बार वह किसी जादूगर की तरह सृष्टि के सवालों और अस्तित्व के रहस्य को समाज और राजनीति के बड़े नाटक से जोड़ देते हैं। ज़ाहिर है, सृष्टि और ब्रह्माण्ड के वैविध्य से उलझने वाली उनकी कविताओं में अमूर्तन भी ख़ूब है और शानदार है।

लेकिन आप जानते हैं कि ख़ुद उन्हें क्या पसन्द था? एक बार कवितापाठ की रिकॉर्डिंग के दौरान मैं उनके साथ था, जब 'अव्यक्त' और 'अर्थ' शीर्षक दो अमूर्त कविताएँ पढ़ने के बाद कुछ घबराकर वह बोले थे—'अब कुछ ठोस हो जाय?'

नौ

मुक्तिबोध की फैंटेसी और रघुवीर सहाय की रोज़मर्रा राजनीति के जल को हिलामिलाकर विष्णु खरे ने एक अनोखा रसायन तैयार किया था। वह चालू डे-टु-डे पॉलिटिक्स पर—उसमें शामिल ज़िन्दा लोगों, घटनाओं और परतों पर अपनी फैंटेसी का जाल फेंक सकते थे और नेहरू, इन्दिरा, संजय, राजीव, सोनिया, राहुल, नरसिंह राव, अर्जुन सिंह, कमलनाथ और अटल बिहारी जैसे लोगों को पूरी यथातथ्यता के साथ अपनी कविता के किरदारों की तरह गढ़ सकते थे; बल्कि वे कविताएँ पढ़ते हुए ये राजनेता उनकी कविता के शतरंज के मोहरे लगने लगते हैं।

प्रत्यक्ष राजनीति पर लिखी गयी विष्णु खरे की लगभग सभी कविताएँ बहुत विवादास्पद हो गयीं, लेकिन उन कविताओं से हमने सीखा था कि कविता कभी भी यथार्थ का निषेध नहीं करेगी और स्वप्न में भी यथार्थ से आतंकित नहीं होगी।

दस

एक अन्तरंग बातचीत में विष्णु खरे ने अपनी कविता 'टेबिल' के बारे में मुझसे कहा था—'जब तक मेरे पिता ज़िन्दा थे, मैं कविताएँ लिखने से थोड़ा घबराता था। मुझे डर था कि मैं जो भी लिखूँगा, उसमें थोड़ी-बहुत आत्मकथा आ ही जायेगी और पिता को ये संकेत मिल जायेंगे कि मैं किसके बारे में क्या बात कर रहा हूँ। मुझ पर पिता का बहुत आतंक था। जब तक मेरे पिता ज़िन्दा रहे, लेखन के मोर्चे पर मैंने ख़ुद को क़ैद में महसूस किया। मुझे यह भी लगता रहा कि अगर मेरे पिता दस-बीस साल ज़िन्दा रह गये तो मैं मर जाऊँगा। मैं कुछ लिख ही नहीं पाऊँगा।'

'मैंने उस वक़्त तक दो-तीन कहानियाँ लिखी थीं और उनसे छिपाकर रखी थीं, क्योंकि उन कहानियों में वह भी आते थे, हमारे चाचा भी आते थे; और लोग भी आते थे—वे यक़ीनन समझ जाते। 'टेबिल' उनकी मौत के बाद लिखी गयी पहली कविता है। पिता की मृत्यु हुई 1968 में—तब मैं अट्ठाईस साल का था। 28 साल तक मुझ पर मेरे पिता का आतंक था। टेबिल एक तरह से उस पूरी मुक्ति की कविता है। एक अर्थ में मैं अपने इतिहास से मुक्त हुआ, परिवार से मुक्त हुआ, अपने पिता के डर से मुक्त हुआ, व्यतीत के डर और अतीत के बोझ से मुक्त हुआ। यह मुक्त होने की कविता है। अगर यह कविता लिखे जाने की पृष्ठभूमि न बनती तो शायद मैं कवि न हो पाता या बहुत ही ख़राब कवि होता। अच्छा तो ख़ैर अब भी क्या हूँ। कम-से-कम मैं उस तरह का कवि न हो पाता, जिस तरह का कवि मैं हूँ। यह कविता एक परिवार का—जो संयोग से मेरा परिवार है—उपन्यास है।'

टेबिल

उन्नीस सौ अड़तीस के आसपास
जब चीज़ें सस्ती थीं और फ़र्नीचर की दो-तीन शैलियाँ ही प्रचलित थीं
मुरलीधर नाज़िर ने एक फोल्डिंग टेबिल बनवाई
जिसका ऊपरी तख़्ता निकल आता था
और पाए अन्दर की तरफ़ मुड़ जाते थे
जिस पर उन्होंने डिप्टी कमिश्नर जनाब गिल्मोर साहब बहादुर को
अपनी ख़ास अंग्रेज़ी में अर्ज़ियाँ लिखीं
छोटे बाज़ार की रामलीला में हिस्सा लेने वालों की पोशाक
चेहरों और हथियारों का हिसाब रखा
और गेहुएँ रंग की महाराजिन को मुहब्बतनामा लिखने की सोची
लेकिन चूँकि वह उनके घर में ही नीचे रहती थी
और उसे उर्दू नहीं आती थी
इसलिए दिल ही दिल में मुहब्बतनामे लिख-लिखकर फाड़ते रहे
और एक चिलचिलाती शाम न जाने क्या हुआ कि घर लौट
बिस्तर पर यूँ लेटे कि अगली सुबह उन्हें न देख सकी
और इस तरह अपने एक नौजवान शादीशुदा लड़के
दो जवान अनब्याही लड़कियों और बहू और पोते को
मुहावरे के मुताबिक़ रोता-बिलखता लेकिन असलियत में मुफ़लिस
छोड़ गये

टेबिल, जिस पर नाज़िर मरहूम काम करते थे
और जो क़रीब-क़रीब नयी थी,
मिली उनके बेटे सुन्दरलाल को
जिनका एकमात्र सपना डॉक्टर बनने का था, उस बच्चे का बाप नहीं
जिसे असमय ही उनकी घरवाली ने उन पर थोप दिया था
ज़माना हुआ मन्दी का, नौकरी मिलती नहीं थी
किसी ने जँचा दिया मिलिट्री की अस्पताली टुकड़ी में भर्ती हो जाओ
वहाँ डॉक्टर बना देते हैं

सो वे हो गये दाख़िल मेडिकल कोर में
और बर्मा फ्रंट पर एकाध बार चोरी-छुपे घायल हुए
और भेजा अपनी घरवाली रामकुमारी को एक रोबीला फ़ोटो
जिसे रखा रामकुमारी ने टेबिल पर
और पालती रहीं तपेदिक़ बलग़मी रातों में
(दोनों ननदें गुज़र गयीं एक के बाद एक
जिस तरह देर तक अनब्याही जवान लड़कियाँ
मर जाती हैं अचानक)
रखती रहीं फूल और ऊदबत्ती और उपास
और वह हारमोनियम भी वहीं रखा
जो कलकत्ते से मंडाले जाते वक़्त भिजवाया था सुन्दरलाल ने और
जिसे लेने रामकुमारी
बच्चे के साथ गयी थीं पहली और आख़िरी बार रेलवे माल गोदाम
और पहली और आख़िरी बार ही बैलगाड़ी पर
बैठकर आयी थीं घर उसे छुड़वाकर

(ज़ाहिर है) बड़ी लड़ाई के दर्म्यान और बावजूद
टेबिल बमय हारमोनियम और फ़ोटो उसी कोने में खड़ी रही
और छँटनी के बाद भूतपूर्व जमादार सुन्दरलाल मेन्शन्ड इन डिस्पैचेज़
जब वापस आये तो टेबिल पर पड़ी अपनी तस्वीर
और बिस्तर पर रामकुमारी को देखकर
उन्होंने उस तरह अपना चेहरा सिकोड़ा
जिसे बर्मा के जंगलों में मुस्कराहट समझने की उनकी आदत पड़ गयी थी
और कहा—अच्छा
लेकिन कुछ भी (जिसमें रामकुमारी भी शामिल थीं)
अच्छा नहीं हुआ और
विधुर सुन्दरलाल ने, जिनका विश्वास भावनाओं के
भद्दे प्रदर्शन में नहीं रह गया था,
अपना फ़ोटो तो टेबिल से हटा लिया

साथ ही रामकुमारी की भी तस्वीर उस पर नहीं रखी
क्योंकि कोई थी ही नहीं—फिर एक वाजिब अन्तराल के बाद
वे बैठे टेबिल पर अर्ज़ियाँ लिखने
और बेकारी, बेगार, क्लर्की और मास्टरी से गुज़रते हुए
हेडमास्टरी को हासिल हुए
और उसी टेबिल पर केरल के ज्योतिषी को जन्मपत्री की नक़लें
शिक्षा-उपमन्त्री को सुझाव
हाईस्कूल बोर्ड के सेक्रेटरी को इम्तहान की रिपोर्ट
संभाग शिक्षा निरीक्षक को तबादले की दलीलें
और मातहतों की कान्फिडेंशियल लिखते हुए
(और यह सब करते वक़्त एक असम्भव तथा करुण आवाज़ निकालते हुए
जिसे वह अलग-अलग समयों पर अलग-अलग शास्त्रीय राग
के नाम से पुकारते थे)
पचास वर्ष की अपेक्षाकृत अल्पायु में एक सरकारी अस्पताल में मरे
और अपनी विधुर गृहस्थी का सामान टेबिल समेत छोड़ गये

अपने बेटे को जो अब बड़े शहर में
गंजा और भद्दा होता हुआ एक मँझोला अफ़सर था
और जो बाक़ी सामान को ठिकाने लगा
सिर्फ़ टेबिल, चूँकि वह फोल्डिंग थी और आसानी से ले जायी जा सकती थी,
साथ ले आया
और जब फ़र्नीचर वाले ने कह दिया कि वह तो बहुत पुरानी हो चुकी है
और उस पर सनमाइका लगवाना भी बेकार है
तो उसने उस पर ग़ैरज़रूरी किताबें, पुराने ख़त, बेकार दवाइयाँ और कम्पनियों के सूचीपत्र,
टूटे और गुमे हुए तालों की चाबियाँ, जापानी दूरबीन
और टाइपराइटर की घिर्रियाँ रख दीं

जिनमें उसकी तीन बरस की लड़की की जायज़ और भरपूर दिलचस्पी थी
और जो टेबिल के पायदान पर खड़ी होकर
उसी तरह इस आश्चर्यलोक को फैली आँखों से देखती थी
जिस तरह चौबीस बरस पहले
यह अब गंजा और तुंदियल होता हुआ मँझोला अफ़सर
उझककर झाँकता था उस आईने में
जिसमें सुन्दरलाल बायें गाल को जीभ से उभारकर
दाढ़ी बनाते हुए भैंगे होकर देखते थे
(नाक के तीखेपन और जबड़े की लम्बाई में मरहूम मुरलीधर
का असर शायद पहचानते हुए)
और टेबिल के हिलने की वजह से
वह थोड़ा-थोड़ा हिलता था

ग्यारह

'नेहरू गाँधी परिवार के साथ मेरे रिश्ते'। विष्णु खरे की सबसे ज़्यादा चर्चित और विवादास्पद कविताओं में से एक। वह इस कविता को कुछ तब्दीलियों और बढ़त के साथ दोबारा लिखना चाहते थे, लेकिन ऐसा हो न सका। यह कविता लिखने के बाद वह राहुल, मेनका और वरुण गाँधी से कुछेक अवसरों पर मिले थे। उनमें से कुछ मुलाक़ातों के संस्मरण ज़रूर कविता में शामिल होते। हालाँकि कवि से बेहतर यह कौन जानता है कि कविता 'रिवाइज़' नहीं होती। वहाँ तो जो हो गया, सो हो गया। असद ज़ैदी की एक कविता के मुताबिक़, 'एक कविता जो पहले ही से ख़राब थी/होती जा रही है अब और ख़राब/कोई इन्सानी कोशिश उसे सुधार नहीं सकती/मेहनत से और बिगाड़ होता है पैदा/वह संगीन से संगीनतर होती जाती/एक स्थायी दुर्घटना है'।

हम लोग जानते हैं कि श्रीकान्त वर्मा कांग्रेस के महासचिव रहे थे और इन्दिरा गाँधी के नज़दीक थे। इन्दिराजी की मृत्यु के बाद वह राजीव गाँधी के नज़दीक आ गये थे। जब श्रीकान्त वर्मा की मृत्यु अमेरिका में हुई तो वहाँ के अस्पताल से उनका पार्थिव शरीर ताबूत में भारत लाया गया था। विष्णु खरे शव को लेने हवाई अड्डे जाने वाले इकलौते साहित्यिक व्यक्ति थे। उनके अलावा एयरपोर्ट पर पार्टी के कुछ छोटे नेता और कार्यकर्ता ही थे। वहाँ से शव श्रीकान्तजी के घर ले आया गया। अगली सुबह राजीव गाँधी श्रीकान्त वर्मा के घर पहुँचे। श्रीकान्तजी की पत्नी को रोता हुआ देखकर उन्होंने विष्णु खरे से कहा कि आप इनसे कह दीजिए कि न रोएँ; इनका सारा इन्तज़ाम मैं करूँगा। इसके बाद जो हुआ हमको पता है। वीणाजी लगातार तीन बार राज्यसभा की सदस्य बनीं। इस बात के कुछ समय बाद पत्रकारों के

एक प्रतिनिधिमण्डल में विष्णुजी राजीव गाँधी के साथ अमेरिका गये। उस यात्रा में सोनिया भी थीं। उसी यात्रा के दौरान न्यूयार्क में हुए एक संवाद में राजीव गाँधी से इन्दिरा गाँधी की हत्या के बाद हुए सिखों के क़त्लेआम से जुड़े कुछ असुविधाजनक सवाल पूछे गये, जिनका जवाब देने के लिए प्रधानमन्त्री शायद तैयार नहीं थे और उन्होंने इशारों ही इशारों में विष्णु खरे से मदद चाही थी। यह ऐसे जलते हुए सवाल थे जिनका भूत भारतीय राजनीति पर हाल तक मँडराता रहा है। बहुत से लोगों के साथ देश-विदेश में गाँधी परिवार पर भी दशकों तक मुक़द्दमे चले हैं और काँग्रेस को सार्वजनिक माफ़ी माँगनी पड़ी है।

निस्सन्देह, विष्णु खरे के मन में इस परिवार के लिए स्नेह-भरा आकर्षण था, लेकिन इतने-भर से उनकी कविता या राजनीतिक समझदारी के बारे में अन्तिम निष्कर्ष निकालना शायद जल्दबाज़ी हो। विष्णु खरे की कविता हिन्दी में 'पॉलिटिकल आर्ट' के श्रेष्ठ उदाहरणों में से एक है। वह बहुत तसल्ली के साथ अपने 'इमोशंस' पर धूल डालकर वस्तुसत्य के प्रति तटस्थ हो सकते थे। लम्बे दौर में मानवीय संवेदना की अनूठी कविता लिखने के बावजूद उनकी रचनाओं में कोरी भावुकता के निशान कम ही मिलेंगे, बल्कि मुक्तिबोध के शब्दों में कहा जाय तो उनकी 'संवेदना' की बुनियाद 'ज्ञानात्मक' है।

विष्णु खरे 1986 में हुए उस सफ़र को याद करते हुए बहुत ख़ुश हो जाते थे। लौटते हुए उन्हें बीच रास्ते में फ्रैंकफुर्त उतर जाना था, लेकिन राजीव गाँधी के सम्मोहन में उन्होंने इरादा बदल लिया और वापस दिल्ली आकर फ्रैंकफुर्त की उड़ान पकड़ी।

लेकिन कुनबापरस्ती और भाई-भतीजावाद के लिए उनका नज़रिया इस पूरी कविता में आलोचनात्मक है। दरअसल मुक्तिबोध की कविता और उनके विपुल सैद्धान्तिक लेखन ने बाद की हिन्दी कविता को क़ायदे से यह बात सिखा दी कि ब्रह्माण्ड में जो कुछ भी है, उसमें कविता की सम्भावना है। आगे चलकर रघुवीर सहाय ने अख़बार में ख़बरों के तौर पर छपने वाली रोज़मर्रा राजनीति और समाज को कविता की तरह बरतने का आत्मविश्वास दिया। विष्णुजी यही करने की कोशिश करते हैं। विष्णु खरे एक ऐसे खिलाड़ी हैं

जो मुक्तिबोध के बेहद मैदान में रघुवीर सहाय का खेल खेलता है। एक ऐसे संश्लिष्ट अनुभव को—जो सत्ता-राजनीति की निकटता से जुड़ा हुआ है और जिसे कुछ हद तक कविता की पवित्र दुनिया में वर्जित भी माना गया है—वह कविता के इलाक़े में ले आना चाहते हैं। ऐसी कविता लिखकर कवि 'मॉरल सेंसरशिप' की काउंटर पॉलिटिक्स भी खोजता चलता है। ज़माना जानता है, इसके लिए उन्होंने बहुत गालियाँ सुनी हैं।

विष्णु खरे के मन में इन्दिरा गाँधी के भी अनेक संस्मरण थे। उनमें से सबसे अजीब यह था कि जिस दिन—30 अक्टूबर, 1984 को इन्दिरा गाँधी की हत्या हो गयी, उसके ठीक अगले दिन, यानी 31 अक्टूबर को—ठीक उसी जगह—प्रधानमन्त्री आवास में, ठीक उसी समय—वह विष्णु खरे की कविताओं के जर्मन में अनूदित संकलन 'डेअर ओक्सेनकरेन' का लोकार्पण करने वाली थीं। आयोजन जर्मन दूतावास का था। हत्या की ख़बर भी उन्हें जर्मन दूतावास से मिली थी। विष्णुजी तब साहित्य अकादेमी में थे। यह बात सुनकर हम लोगों ने उनसे पूछा कि अगर वह दुर्घटना एक दिन बाद होती तो क्या होता? इस पर वह हँसते हुए बोले थे कि इन्दिरा गाँधी से मेरा एक रिश्ता यह भी है कि उन्होंने एक दिन पहले मर कर मुझे एक दिन बाद मरने से बचा लिया। मैं कभी लिखूँगा इस पर।

विष्णु खरे कांग्रेसी नहीं थे। वह विचारों से ख़ालिस मार्क्सवादी थे और सक्रिय सत्ता-राजनीति में नहीं आना चाहते थे; लेकिन चालू संसदीय राजनीति में धर्मनिरपेक्षता के कैसे भी ढाँचे को किसी भी शर्त पर बचा लेने के हामी ज़रूर थे। यह कविता उसी मजबूरी में से निकली है। वह बताते थे कि जब वह नवभारत टाइम्स, लखनऊ के सम्पादक थे तो उत्तर प्रदेश में मुलायम सिंह यादव की सरकार थी और मुख्यमन्त्री चाहते थे कि वह समाजवादी पार्टी के टिकट पर राज्यसभा चले जायें। उस दौर की समाजवादी पार्टी को विष्णु खरे जैसे पढ़े-लिखे अंग्रेज़ीदाँ आदमी की ज़रूरत भी थी, लेकिन विष्णु खरे की कोई दिलचस्पी इस मामले में नहीं थी। उन्हें कविता का इलाक़ा छोड़कर कहीं नहीं जाना था।

2014 के आम चुनावों में विष्णु खरे की राजनीतिक प्रतिबद्धता को बहुत क़रीब से देखने का अवसर आया, जब वह बनारस में साम्प्रदायिक

फ़ासीवाद के ख़िलाफ़ लेखकों-संस्कृतिकर्मियों के एक बड़े जलसे में शामिल होने के लिए मुम्बई से आये थे। वह आयोजन प्रगतिशील लेखक संघ, जनवादी लेखक संघ, जन संस्कृति मंच और इप्टा की समवेत पहल पर हुआ था और उसमें अर्थशास्त्री ज्यां द्रेज़, तीस्ता सीतलवाड, विभूति नारायण राय, जावेद नक़वी, अनुषा रिज़वी, सीमा आज़ाद, शबनम हाशमी, खगेन्द्र ठाकुर, रूपरेखा वर्मा, काशीनाथ सिंह, राजेन्द्र कुमार, दीपक मलिक, वीरेन्द्र यादव, चौथीराम यादव, अवधेश प्रधान, प्रणय कृष्ण, केके पाण्डेय, रितिका खेड़ा, राकेश, हेमन्त शाह, संदीप सिंह, अकबर चौधरी, स्वप्निल श्रीवास्तव, सन्ध्या नवोदिता और श्याम कश्यप जैसे लोग भागीदार थे। कार्यक्रम के पहले आपसी समझदारी में यह तय हुआ था कि मंच से हम सब किसी दल या प्रत्याशी के नाम का समर्थन नहीं करेंगे और साम्प्रदायिकता के ख़िलाफ़ जनमानस को तैयार करने तक ही खुद को सीमित रखेंगे। इसकी एक वजह यह भी थी कि भाजपा के ख़िलाफ़ कांग्रेस या आम आदमी पार्टी में से किसका समर्थन किया जाय, इसे लेकर हममें आपस में गहरे मतभेद थे। इस मतभेद की छाया आयोजन और साम्प्रदायिकता-विरोध के हमारे संकल्प पर न पड़े, इसलिए ही यह तय किया गया था।

बहरहाल, जब विष्णु खरे बोलने को खड़े हुए तो अपने ही अन्दाज़ में उन्होंने खुलेआम कांग्रेस प्रत्याशी को वोट देने की बात कह दी। उनके ऐसा कहते ही सभा में खलबली मच गयी और बहुत से लोग ज़ोर-ज़ोर से विष्णु खरे की बातों का विरोध करने लगे। पूरे आयोजन में अफ़रातफ़री मच गयी और इसी समय—पुलिस—जो आयोजन की शुरुआत से ही इस कोशिश में लगी हुई थी कि किसी भी तरह इसे रोका जा सके—मुझे और प्रलेस के प्रदेश महासचिव संजय श्रीवास्तव को अलग बुलाकर गिरफ़्तार करने की धमकी देने लगी।

ख़ैर, यह मामला शान्त हुआ और हम लोग एक बहुत बड़े जुलूस की शक्ल में साम्प्रदायिकता-विरोधी नारे लगाते हुए और जनगीत गाते हुए किस तरह कबीरमठ से लहुराबीर चौराहे पर प्रेमचन्द की प्रतिमा तक पहुँचे और वहाँ पहुँचकर किस तरह पुलिस से मुक़ाबला हुआ, वह एक अलग और अपने में पूरी कहानी है। उसका ज़िक्र फिर कभी।

विष्णु खरे की आवेगमयी आक्रामकता ही उनको ग़लत समझ लिए जाने के अवसरों का निर्माण करती थी। उस दिन बनारस में यही हुआ था। इस कविता, अर्जुन सिंह को विषयवस्तु बनाकर लिखी गयी कविता और प्रियंका-राहुल गाँधी पर लिखी कविता के साथ भी लगभग ऐसा ही हुआ है। इन कविताओं को बढ़ा-चढ़ाकर पढ़ा और समझा गया है। अगर विष्णु खरे का कोई 'कांग्रेस कनेक्शन' होता तो यूपीए एक और दो के दौरान उन्हें बेरोज़गारी और मुश्किलों का सामना न करना पड़ता, जिसका ज़िक्र उन्होंने शायद ही कभी किसी से किया हो।

दरअसल, वह राजनीति के जादू को जानते थे; और इसे भी जादू नहीं तो और क्या कहा जाय कि विष्णु खरे—जो मई '14 के उस आयोजन में खुल्लम-खुल्ला कांग्रेस प्रत्याशी को वोट देने की बात कह रहे थे, अपने जीवन के अन्तिम दिनों में आम आदमी पार्टी के नेतृत्व वाली दिल्ली सरकार की हिन्दी अकादमी के उपाध्यक्ष बनाये गये।

नेहरू-गाँधी परिवार के साथ मेरे रिश्ते

जब से मैंने होश सँभाला अपने को जवाहरलाल का अन्धभक्त पाया
और यह सिर्फ़ इसी से नहीं था
कि मेरे पिता ने 1950 में 'ए डिस्कवरी ऑफ़ इंडिया' की एक प्रति
उनके बेटों के बौद्धिक विकास के लिए ख़रीदकर
उनकी पहुँच के भीतर बग़ैर कुछ कहे रख दी थी
भले ही उस समय उसमें देवनागरी में छपे दो शब्द
'आदर्श जोड़ी' ही पढ़ने में आते थे
अंग्रेज़ी की किताब में वे हिन्दी में क्यों दिये गये हैं
यह समझ में नहीं आता था
जात-पाँत और धर्म से परे नेहरू का तब क्या असर था
इसे अब दूसरों को क्या अपने को भी बतलाना कठिन है
उनका समाजवाद तो बरसों बाद समझ में आया कई किस्तों में
लेकिन वे पंचतत्त्वों के बाद लोगों के लिए छठे तत्त्व थे
हज़ारों दीवारों पर उनकी युवक-जैसी तस्वीरें याद हैं

कैलेंडरों पर उनके प्रियदर्शी चित्र
सैकड़ों डॉक्यूमेंट्रियों में सक्रिय दिखते थे वे आज़ादी के महानायक
जिनमें उनकी मुस्कराहट देखकर देखनेवालों के चेहरों पर
मुस्कराहट आ जाती थी सिनेमा हॉल के नीम-अँधेरे में
शायद सिर्फ़ दिलीप कुमार में सम्मोहन था उस तरह का
मैंने उन्हें पहली और आख़िरी दफ़ा प्रत्यक्ष देखा 1958 में
जब वे निमाड़ के जंगलों में नये तीर्थ नेपा काग़ज़ कारख़ाने का उद्घाटन करने
खण्डवा से गुज़रे थे और सड़क पर खड़े होकर
एक फ़ोटो लिया था उनका
जब वे खुली जीप में साइकिलों से बने एक स्वागत-द्वार के नीचे से निकले
हज़ारों की भीड़ थी दोनों तरफ़
पंचवर्षीय योजना तथा पंचशील के प्रणेता के लिए
लेकिन मुझे उनकी वापसी ज़्यादा याद है
जब वे एक बन्द कार में लौटे शीशे के पास बैठे
ख़यालों में डूबे उन सड़कों की तरफ़ न देखते हुए
जिन पर से अभी उनके दर्शनार्थी ठीक से गये भी न थे
उनके लौटने से बेख़बर
1960 में मैंने उन्हें अपना पहला और आख़िरी पत्र लिखा
जिसका एक दफ़्तरी जवाब आया था निराशाजनक
फिर भी उनके प्रति जो अनुराग था वह कम होता न था
27 मई, 1964 को यदि अपनी उम्र में से कुछ वर्ष देकर
उन्हें उतना ही और जिलाये रखना सम्भव होता
तो मैं उसके लिए तैयार था और अकेला नहीं था
लेकिन तब वे कई लाख बरस तक जीते
उनकी बेटी से सम्पर्क बहुत बरसों बाद हुआ
वैसे भी नेहरू के असली चाहने वाले उन्हें कुछ ख़ास तरज़ीह देते न थे
—यह भी उनकी एक मौलिक समस्या रही—

और यदि ताशकंद में लालबहादुर की अजब मौत न हुई होती
तो शायद यह सब कम-से-कम इस तरह कहने को न होता
लेकिन सिंडिकेट इंडिकेट संघर्ष में ऐसा लगा
जैसे जवाहरलाल की विरासत संकट में हो
और एक मित्र की प्रेरणा से उन्हीं की सहायतार्थ
दस्तख़तों वाले कई पत्र पहुँचाये सफ़दरजंग रोड
कुछ छपवाये पैट्रिअट और नेशनल हैरल्ड जैसे अख़बारों में
जिन्हें तब भी कोई पढ़ता न था
एकाध शायद टाइम्स ऑफ़ इंडिया में भी आया
जब उन्होंने निजलिंगप्पा को हराया तो लगा अपना भी कुछ योगदान है
हालाँकि वे हमारे मित्र थे जो बाद में पार्टी में बहुत ऊपर पहुँचे
और अपने परिवारों के लिए काफ़ी कुछ कर सके
मेरी पहली मुलाक़ात इन्दिरा गाँधी से विदेश में है
जब बांग्लादेश में विजय से दीप्त वे यूरोप आयी थीं
और एक तत्कालीन समाजवादी देश की राजधानी में
अन्य भारतीयों की उपस्थिति में उन्होंने मुझसे पूछा था
कि ये आपकी आवाज़ को क्या हुआ
जबकि घामड़ राजदूत ने कहा कोई चीज़ लेकिन सुनाइए ज़रूर
वे लगभग मेरे पिता की उम्र की थीं लेकिन दमकती नीली साड़ी में
उनकी वह भरपूर ऐन्द्रिक उपस्थिति मुझे अब भी याद है
वह उपदेश नहीं जो उन्होंने हम भारतीय अध्येताओं को दिया होगा
उसके बाद इमर्जेंसी के दौरान
उनसे तो परोक्ष सम्पर्क रहा शेष देश की तरह
लेकिन एक दिन सीधा वास्ता पड़ा संजय गाँधी से
मामूली प्रलोभनों के वशीभूत
जब अपने एक युवा कांग्रेसी मित्र की पत्रिकाओं के लिए
विशेष बातचीत के वास्ते गया सफ़दरजंग रोड मैं
जहाँ से मुँह लटकाये ज्ञानी जैल सिंह निकल रहे थे
कई सुरक्षा जाँचों से गुज़रकर पहुँचा राष्ट्र के सबसे ताक़तवर नौजवान
के सामने

जो फ़र्नीचर से लगभग पूर्णतः रहित धुँधले से कमरे में बैठा था अकेला
वह बहुत कम बोल रहा था लेकिन चेहरे से साफ़ था
कि उसे मेरी बातें अजीब और हास्यास्पद लग रही हैं
यही कहा उसने कि किशोर कुमार कौन है उसके गानों पर मैंने तो रोक नहीं लगाई
और यह कि अपने दोस्त से कहिए माफ़ी माँग ले छूट जायेगा
रेडियो पर फिर कैसे बजने लगा दुखी मन मेरे यह कह नहीं सकता
लेकिन आदर्शवादी दोस्त ने माफ़ी माँगने से इनकार कर दिया
और अब एक अर्धसरकारी दफ़्तर में प्रभावशाली पोस्ट पर है
बहुत बाद में जब टाइम्स ग्रुप के मालिक समीर जैन से मिलना हुआ
तो हर बार संजय गाँधी की याद आयी
हालाँकि पहले में जो इबलीसी बौद्धिकता है
वह दूसरे में नहीं थी
लेकिन वह प्रसंग कभी बाद में
इन्दिरा गाँधी से दूसरी भेंट है
वेस्ट इंडीज़ टीम के आने पर एक स्वागत समारोह में
वे तब सत्ता में नहीं थीं और क्रिकेटरों से मिलने आयी थीं
सपत्नीक मेरा एक फ़ोटो है कहीं उनके साथ
हम तीनों के चेहरों पर मुस्कान है और मेरे हाथ में कोन्याक का गिलास
आकर्षित लेकिन डरे हुए लोग उनके नज़दीक नहीं आ रहे थे
फिर वे चली गयीं अकेली
स्वामिनीभक्त धवन ने कैसे उनकी गाड़ी का दरवाज़ा खोला था याद है
वे लौटीं सत्ता में लेकिन फिर उनसे मेरा साबका नहीं पड़ा
एक विचित्र संयोग अवश्य है
कि जिस दिन जिस वक़्त उनकी हत्या हुई
यदि उसके अगले दिन उसी वक़्त होती
तो या तो अन्य लोगों के साथ मैं भी जीवित न रहता
या उस क़त्ल का गवाह होता
क्योंकि 31 अक्टूबर 1984 को उसी समय एक समारोह में
मुझे उनके निवास पर उनके नज़दीक होना था

राजीव गाँधी से मेरी तीन मुलाक़ातें हैं
पहली उनके साथ राष्ट्र संघ की यात्रा के दौरान
जब न्यूयॉर्क में एक संवाददाता सम्मेलन के बीच
उन्होंने इशारे से मुझसे इसकी ताईद चाही थी
कि उनकी सरकार सिखों की हत्याओं की जाँच करवा रही है या नहीं
दूसरी फ़ैज़ाबाद की है जब शिलान्यास के बाद उन्होंने
श्रीराम और बजरंगबली के नारे लगवाये थे निर्मल खत्री की चुनाव सभा में
और तीसरी उनकी हत्या के कुछ दिनों पहले
जब वे सत्ता में नहीं थे लेकिन लौटने की उम्मीद में उत्साहित थे
हापुड़ से दिल्ली के रास्ते पर नारायणदत्त तिवारी और मैं
उनकी खुली जीप पर पीछे बैठे थे
मैं चलायमान साक्षात्कार ले रहा था उनसे
जो ढाबों में रुकते हुए भी जारी रहा
जनता से रोमांचित थे राजीव
जबकि तिवारी उत्तर प्रदेश के भावी यथार्थ से सहमे हुए थे
राजीव लोगों के नज़दीक आना चाहते थे
भीड़ उन्हें हर जगह घेर कर स्वागत करती थी
लगता था बोफ़ोर्स एक अफ़वाह है
उनकी जीप में डैशबोर्ड पर एक छोटी ट्यूबलाइट लगी हुई थी
शाम के बढ़ते अँधेरे में जब वे ड्राइवर की बगल में खड़े होते थे
तो एक आधिभौतिक प्रकाश उनके चेहरे और सीने पर पड़ता था
और वे पार्थिव नहीं लगते थे
दोनों विधवाओं के साथ मेरा सम्पर्क कभी नहीं रहा
दरअसल मैंने दोनों को रू-ब-रू देखा तक नहीं है
उनकी सन्तानों को भी नहीं
जो मेरे जीवनकाल में शैशव से यौवन की ओर बढ़ी हैं
और उनसे किसी तरह का तादात्म्य स्थापित कर पाना और कठिन है
उनके बारे में जब भी सोचता-देखता हूँ अपने बच्चों का ख़याल आता है
तो क्या यह मान लूँ कि पिछले पचास वर्षों से

जो सम्बन्ध चला आता है वह समाप्ति पर है?
कह नहीं सकता क्योंकि भविष्य के बारे में कुछ कहना कठिन है
सोनिया मेनका राहुल प्रियंका वरुण सभी के आगे
लम्बी ज़िन्दगी और राजनीति पड़ी हुई है
देश की जो हालत है वह उजागर ही है
वे कई प्रस्तारों-समुच्चयों में प्रासंगिक हो सकते हैं
सोनिया को लेकर जो उन्माद बार-बार उठता है और उम्मीद
उसका अंजाम कौन जानता है क्या होगा
इधर मुझे नहीं मालूम कि मेरी ज़िन्दगी और ख़ब्त
शेष जीवन में मुझे और किन भटकावों में ले जायेंगे
सच तो यह है कि नेहरू के बाद
उनके बदले हुए परिवार के साथ
उतना भावुकता भरा सम्बन्ध महसूस कर पाना मेरे लिए कभी सम्भव
न रहा
अब तो नेहरू भी बहुत दूर चले गये लगते हैं एक उदासी बनकर
कुछ बिरले क्षणों में इन्दिरा गाँधी और राजीव को लेकर
थोड़ा-बहुत अपनापन जागा था
लेकिन भटके हुए देवताओं को आराध्य बनाना कठिन है
सोनिया की ताईद भी सिर्फ़ सशर्त की जा सकती है आपदधर्म की तरह
यदि कहीं कोई ज़रा भी बेहतर विकल्प न हो
और वह भी इसलिए कि कुनबापरस्ती और व्यक्तिपूजा से मुझे भी
नफ़रत है
लेकिन हिटलर के हिन्दुस्तानी वंशज बढ़े आ रहे हैं
और हम जैसों को अपने परिवारों को किसी क़दर उनसे बचाना है
उनसे जो मुझे जैसे भी बचाएँ मैं उन सभी के साथ होना चाहूँगा
अन्दरूनी बेरियायत फ़ैसले अभी होने हैं और लिए जायें शायद
बहुत सैद्धान्तिक और बौद्धिक बाल की खाल निकालनी है
लेकिन पहले इन बर्बरों का कुछ करें
उसमें नेहरू-गाँधी कुटुम्ब से छुआछूत कैसी
बाद में देखा जायेगा इनसे घटता हुआ इतना रिश्ता भी रखना है या नहीं

बारह

बाद के वर्षों में कफ़-बलग़म विष्णु खरे को ज़्यादा तंग करने लगा था। बातचीत, भाषण या कवितापाठ के दौरान कई बार वह गले के भीतर बोलने की जगह तक आ जाता था, भले ही विष्णुजी उसका पता औरों को न लगने दें।

लेकिन एक बार उन्होंने मुझसे कहा था—'बलग़म 'एसर्ट' कर रहा है। मैं उसकी उपेक्षा करता हूँ। वह मेरा पीछा करता है।'

तेरह

अपने मित्र और हिन्दी के मूर्धन्य कवि-आलोचक अशोक वाजपेयी और उनकी जीवन-संगिनी रश्मिजी के विवाह की पहली वर्षगाँठ पर विष्णु खरे अपनी पत्नी कुमुदजी के साथ उन लोगों से मिलने गये थे और यह कविता उन्हें भेंट की गयी थी। कविता के शीर्षक के नीचे समर्पण के अनोखे वाक्य में लिखा हुआ है 'अ. और र. के लिए'। हममें से ज़्यादातर लोग जानते हैं कि रश्मिजी कथक की निष्णात नर्तकी और पण्डित बिरजू महाराज की शिष्या रही हैं। विष्णु खरे बताते थे कि अशोक वाजपेयी जब सम्भवतः सीधी के कलेक्टर थे तो हारमोनियम न होने के कारण घर में रश्मिजी के रियाज़ में बहुत मुश्किल आ रही थी। तब विष्णु खरे ने अपना हारमोनियम उन्हें दे दिया था। जीवन की घनघोर व्यस्तताओं में वह हारमोनियम न जाने कहाँ रह गया। कभी-कभी विष्णुजी यह भी कहते थे कि मेरा हारमोनियम अब भी अशोक के पास बाक़ी है।

बाद के दिनों में इन दोनों समकालीनों के बीच न जाने कितनी बार भीषणतम और कटुतम वाद-विवाद हुआ। बेशक़ सराहना और प्रशंसा के सघन क्षण भी आये। हर अवसर पर मुझे इस कविता और उस हारमोनियम की याद आयी। विष्णु खरे का पहला कविता-संग्रह 'पहचान सीरीज़' में अशोक वाजपेयी ने ही प्रकाशित किया था। इस कविता में भी संगीत की एक झलक तब दिखायी देती है जब कवि वर्षगाँठ के मौक़े पर बीते बरस की यादों के लौटने को 'स्मृति अवरोह' कहकर पुकारता है।

वर्ष-राग

अ. और र. के लिए

समय की शाश्वत सिम्फ़नी में
क्या होता है एक वर्ष
एक ललित स्वर के सिवाय
जो कुछ अधिक स्पन्दित होता है
और जिस पर उँगलियों का लौटना भला लगता है
दो प्रेमी लौटते हैं एक वर्ष-राग में
जो थर्राता हुआ ठहरा है उनके बीच
संगीत के बर्फ़ीले प्रभामण्डल की तरह
और स्मृति-अवरोहों में पुनः अपने को खोजना पाना
एक पुनरुज्जीवित प्रणयगीत है

चौदह

विष्णु खरे ख़ुशख़त थे। उनकी हस्तलिपि बहुत सुन्दर थी। एक बार मैंने उनसे इस बात की तारीफ़ की तो उन्हें अपने पिता की याद आ गयी। उनके पिता सुन्दरलाल जी अच्छी लिखावट के पाबन्द थे और जिसकी हस्तलिपि बढ़िया न हो, उसे अच्छा इन्सान मानने से भी इनकार करते थे।

लेकिन उस दिन विष्णु खरे की मुश्किल दूसरी थी। उन्होंने कुछ घबराहट और खीझ के साथ बताया कि उनकी लिखावट बिल्कुल अपने पिता-जैसी होती जा रही है—बोले—'मैं आजकल जब लिखता हूँ, मुझे लगता है मेरा बाप लिख रहा है। मेरी हैंडराइटिंग में उनकी रवायत आ गयी है। ख़ुद को लिखते हुए देखता हूँ कि वाह! सुन्दरलाल जी काम पर लगे हुए हैं। अब हो गया ऐसा। क्या किया जाय?'

पन्द्रह

'देर से आने वाले लोग'। इस कविता का रिश्ता कॉलेज के समय की ज़िन्दगी से है। पचास के दशक की बात है, विष्णु खरे कॉलेज में पढ़ने छिन्दवाड़ा से खण्डवा गये थे। उनके पिता का, उनका और उनके भाइयों का जन्म छिन्दवाड़ा में हुआ। उनकी माँ और दो बुआओं का निधन भी वहीं हुआ। उनके परिवार की जड़ें छिन्दवाड़ा में ही हैं।

हम फिर से खण्डवा की ओर लौटें। वहाँ एक मारवाड़ी भोजनालय था। उसके ज़्यादातर ग्राहक मासिक थे—जो महीने-भर दोनों वक़्त खाना खाने के बाद एक साथ पैसा देते थे। शायद तीस रुपये महीने। कितना खाना खाना है, इसकी कोई बन्दिश नहीं थी। आप मनमाना खा सकते थे। जो मासिक ग्राहक नहीं थे, उन्हें एक वक़्त की थाली चौदह आने की पड़ती थी। वहाँ होता यह था कि जो लोग समय से पैसा चुकाते थे, वे समय से खाना खाने भी आ जाते थे; लेकिन जिनकी उधारी बहुत हो जाती थी, वे जानबूझकर देर से आते थे। उनके यों देर से आने का ज़िक्र कविता में है।

विष्णु खरे एक ग़रीब परिवार से आये थे। ग़रीबी का यथार्थ बार-बार उनकी कविता में आता है। उनके पिता स्कूल मुदर्रिस थे। विष्णु खरे ने सोलह बरस की उम्र, यानी 1956 से ही लिखना शुरू कर दिया था और उनकी रचनाएँ नागपुर से निकलने वाले 'सारथी' में प्रकाशित होने लगी थीं। उस पत्र के बेनामी साहित्य-सम्पादक गजानन माधव मुक्तिबोध थे। विष्णु खरे की आरम्भिक रचनाएँ मुक्तिबोध ने छापी थीं। वहीं खण्डवा में, 1959-60 के आसपास, उन्होंने उस्तादों के उकसावे पर टी. एस. एलियट की कविताएँ ढूँढ़कर पढ़ीं, उनका हिन्दी में अनुवाद किया, कॉपीराइट के

सिलसिले में एलियट को पत्र लिखा—जिसका जवाब भी आया, प्रकाशन के लिए एक ओडिया प्रकाशक के सम्पर्क में आये—जिसने उन्हें इ़ज़्ज़त और पैसा-दोनों चीज़ें दीं और इस किताब की भूमिका लिखने के लिए नेहरू को चिट्ठी लिख दी। हालाँकि नेहरू व्यस्तताओं के कारण इस किताब की भूमिका नहीं लिख सके, लेकिन उन्हीं की सलाह पर रामधारी सिंह 'दिनकर' ने हिन्दी और हुमायूँ कबीर ने अंग्रेज़ी में इसकी भूमिकाएँ लिख दीं। विष्णु खरे के अनुवाद में टी. एस. एलियट की कविताओं की इस किताब में दो भूमिकाएँ प्रकाशित हैं और दोनों में ही मूर्धन्य प्रस्तावना-लेखकों ने बीस साल के विष्णु खरे को किसी बुज़ुर्ग और प्रतिष्ठित लेखक की तरह आदर दिया है। इसका ज़िक्र आने पर वह हँसते हुए बताते थे कि अगस्त, 1960 में पुस्तक के छपने के बीस साल बाद तक वह ख़ुद को दिनकरजी से छिपाते रहे कि उन्हें पता न लग जाय कि नेहरूजी की अनुशंसा पर उन्होंने एक छोकरे की किताब की भूमिका लिख दी है। दिनकर रचनावली में विष्णु खरे और उनके बीच हुआ पत्राचार प्रकाशित है।

तब माखनलाल चतुर्वेदी की वजह से खण्डवा एक तरह का साहित्यिक तीर्थ था। उनसे मिलने धर्मवीर भारती, दिनकर, बच्चन और वात्स्यायन आदि वहाँ आते रहते थे। जो बड़ा साहित्यकार मुम्बई आता था, लौटते हुए खण्डवा में 'दादा' से मिलकर आगे की ट्रेन पकड़ने की कोशिश करता था। उनकी वजह से खण्डवा में माहौल था। माखनलाल जी के भांजे श्रीकान्त जोशी भी एक कवि थे और विष्णु खरे के कॉलेज में पढ़ते थे। उनकी वजह से वहाँ भी साहित्य का कुछ माहौल था। इलाहाबाद और सागर से वहाँ पढ़ने आये नवयुवक ही तब विष्णु खरे के उस्ताद थे जो उन्हें फ़िराक़ साहब और दूसरे दिग्गजों के क़िस्से सुना-सुनाकर अधीर किया करते थे।

लेखक के तौर पर विष्णु खरे का आग़ाज़ अद्‌भुत था। किशोर उत्साह में किये गये इस काम से उन्हें नाम भी मिला और रॉयल्टी के रूप में कुल साढ़े छह सौ रुपये भी, जो बहुत थे, क्योंकि कलक्टर की तनख़्वाह ही तब छह सौ के आसपास थी। तिसपर उनकी दो कहानियाँ भी इलाहाबाद से निकलने वाली प्रतिष्ठित 'कहानी' पत्रिका में छप गयीं, जिसके मुआवज़े में सौ रुपये मिले। उस समय यह सब किसी परीकथा जैसा रहा होगा।

उनके पिता उन्हें महीने के पचहत्तर रुपये भेजते ही थे, जिसमें से तीस रुपये मारवाड़ी भोजनालय में खाना खाने और पन्द्रह रुपये एक कोठरी का किराया देने में ख़र्च हो जाते थे। उनके पास दस-पन्द्रह रुपये महीने के अन्त तक बच भी जाते थे।

यह सब बतलाने का मक़सद सिर्फ़ इतना है कि बहुत कम उम्र से ही विष्णु खरे का परिचय अंग्रेज़ी के ज़रिये विश्वसाहित्य से हो रहा था। सांसारिक उपलब्धियों ने भी उन्हें एक लेखक के तौर पर भी आत्मविश्वस्त बना दिया होगा।

लेकिन हम एक बार फिर कविता की ओर लौटें। इस कविता में दो तरह के लोग भोजनालय आते हैं। एक वे हैं जो यथासमय होटल का हिसाब चुकता कर देते हैं और इसलिए रोज़—भरपूर आत्मविश्वास के साथ—समय से खाना खाने आते हैं; और दूसरे वे—जिनकी उधारी बढ़ती जाती है और जो होटल मालिक के तकाज़े और दूसरे ग्राहकों, कर्मचारियों की ओर से आने वाली फुटकर उपेक्षाओं से बचने के लिए देर से—लगभग बन्द होने के समय—आते हैं। ज़ाहिर है, विष्णु खरे पहली श्रेणी के ग्राहक रहे होंगे, क्योंकि उनके पास पैसे होते थे, लेकिन कविता के नायक देर से आने वाले दूसरे हैं। तो क्या विष्णु खरे अपना खाना खा चुकने के बाद वहाँ रुककर देर से आने वालों का इन्तज़ार करते होंगे? जब भोजनालय का कोई आदमी उनसे पूछता होगा कि आप तो खाना खा चुके हैं, फिर यहाँ क्यों बैठे हैं; तो वे क्या जवाब देते होंगे? क्या एक सफल आदमी खाना खाकर विफल लोगों के आने और खाना खाने, और यों विफलता-मात्र का इन्तज़ार करता होगा? यह इन्तज़ार क्या विफल होने की तैयारी भी था?

ग़ैरबराबरी को कभी रघुवीर सहाय ने एक दर्जा नीचे रहने के दर्द की तरह पहचाना था। ढाबे में देर से आने वाले लोगों और उनकी निगाहों से बनने वाले दृश्य के ज़रिये विष्णु खरे उस दर्द की तफ़सीलों में जाते हैं। उनकी कविता शुरुआत से ही निम्नमध्यवर्गीय जीवन के लोगों, दृश्यों और प्रसंगों से अपनी ज़्यादातर अन्तर्वस्तु हासिल करती आयी है। बेशक़, 'सेवेन रेसकोर्स रोड' तक उसकी रसाई है, पर उसकी धातु ग़रीबी ही है।

खाना खाना विष्णु खरे को सर्वाधिक हांट करने वाली चीज़ों में से एक है। उनकी बहुत-सी कविताओं में खाना खा रहे लोग—स्त्री, पुरुष और बच्चे आते हैं और एक कविता में वाचक यह भी कहता है कि 'कुछ ऐसा है/कि मैं अकेली औरतों और अकेले बच्चों को ज़मीन पर बैठे खाना खाते देख नहीं सकता/पता नहीं क्यों मैं एक अनाम उदासी/और दुख से घिर जाता हूँ,' ('उसी तरह', 'और अन्य कविताएँ', 2017)। पहले कविता संग्रह से आख़िरी तक, उनकी काव्यानुभूति के एकनिष्ठ ढाँचे को भी महज़ खाना खाने वाली बात से पहचाना जा सकता है।

कविता की आख़िरी पंक्ति में ऊँघकर जागे हुए कुत्तों के देर से आने वाले लोगों को देर तक भूँकने की बात है। शायद विष्णु खरे को पता था कि कुत्तों को हमारी दुनिया के बारे में कितना कुछ मालूम है। हमने देखा है कि कूड़ा इकट्ठा करने वालों, रिक्शा और ट्राली चलाने वालों, भिखारियों और मेहनतकश लोगों को कुत्ते अपना दुश्मन मानकर भूँकते हैं। दरअसल कुत्ते हमसे कहीं ज़्यादा यह जानते हैं कि जीवन के इस महासमर में हारा हुआ आदमी कौन है।

देर से आने वाले लोग

ढाबे में देर से आने वाले लोग
कोने में मोरी के पास राख से जूठी थाली-कटोरियाँ
माँजते हुए बरतनवाले के हाथ की मन्द
और काम ख़त्म होने की राहत वाली लय पर
सिर नीचा किये सीढ़ियाँ चढ़ते हैं
और वैसे ही प्रत्याशित 'आह' बग़ैर बैठ जाते हैं
रात साढ़े दस बजे सारी गाड़ियाँ
आ-जा चुकी होती हैं और चारों रसोइये चौक से बाहर
पाटों पर अधलेटे हुए या तो शरीर के विभिन्न जोड़ खुजाते हैं
या कानों के पीछे अटकायी हुई बीड़ियाँ
या तकियों के नीचे दबी सचित्र पुस्तकें निकालते हैं

ढाबे में देर से आये हुए लोग
जितनी कुर्सी टेबिलें अभी लगी हुई बची हैं
उन पर बैठे इन्तज़ार करते हैं
और कोई एक परोसगार भुनभुनाता हुआ उठता है
और दो घंटे पहले से लगी हुई थालियाँ
उनके सामने सायास रखता है
वे आँखें उठाकर न परोसगार को देखते हैं और न थाली में—
बस हाँफती हुई उँगलियाँ कौर तोड़ती और बनाती और मुँह तक ले
जाती हैं

उन्होंने कई बार आलुओं से माचिस की तीलियों को
और थालियों के किनारे चिपकी हुई
सूखी दाल सरीखी किसी चीज़ को निकाला है
बरतन वाले को वहीं पेशाब के लिए झुकते
और बड़े रसोइये को उस नये नेपाली लड़के को गोद में बैठा कर
प्यार करने की कोशिश करते हुए देखा है
किन्तु यह सभी जानते हैं
कि ढाबे में देर से आने वाले ये लोग कुछ नहीं कहते

ढाबे में देर से आने वाले ये लोग परिचय बिना
एक-दूसरे को जानते हैं इसलिए एक मौन सन्धि में भोजन करते हैं
यदि भूल से आँखें मिल भी जाती हैं तो न उनमें पहचान की चमक
हिलती है और न अभिवादन के लिए हाथ या सिर
खा चुकने के बाद जब वे नल पर पहुँचते हैं तो उनके बीच आज
के खाने
दुनिया तक़दीर घर वग़ैरह पर वह चर्चा नहीं होती
जो वक़्त से आनेवालों में कुल्ले खँखार और डकार के दरम्यान
खड़े-खड़े होती है

ये लोग कौन हैं यह बताना मुश्किल है
शायद सेठ को ही धुँधली तौर पर कुछ अन्दाज़ है
लेकिन वह इतना पक्का जानता है कि इन्हीं की वजह से
उसे महीने-भर दोनों वक़्त ढाबे के बन्द होने तक बैठना पड़ता है
जो जाते-जाते
उससे धीमे इज़्ज़तदार स्वर में बात करते हैं
और वह सामने फकीरचन्द डॉक्टर की डिस्पेन्सरी तक पहुँचने वाली
आज़िज़ आवाज़ में इनसे पेश आता है

ढाबे में देर से आने वाले ये लोग
जब उतरते हैं तो बावजूद इसके कि वे
अपनी ऊँचाई के कुछ इंच ऊपर ही छोड़ आते हैं सिर झुकाये नीचे
आते हैं
उनके ऊपरी होंठ पर पसीने की हल्की लकीर होती है ठण्ड में भी
और नीचे अगर सड़क सुनसान हो तो भी
वे आसपास नहीं देखते क्योंकि उन्हें मालूम है
कि ज़ीने से लगकर बैठा हुआ पानवाला उनकी ओर
जानकर निगाहों से निर्निमेष देख रहा होगा
और उनकी गन्ध अगर लग गयी
तो ऊँघते हुए कुत्ते जागकर देर तक भूँकते रहेंगे।

सोलह

'नर्तकी'। विष्णु खरे की यह कविता मैंने एक बार नर्तकों-नर्तकियों के एक पेशेवर समूह को सुनाई थी। समूह के सदस्यों ने कहा कि इस कविता ने यह अद्भुत बात पकड़ ली है कि नाचते समय हम नर्तक सिर्फ़ ख़ुद को देख रहे होते हैं, कि नाचते हुए हम कैसे लग रहे हैं और कैसा नाच रहे हैं—मानो किसी आईने के सामने नृत्य कर रहे हों। उनके कहने का मतलब यह था कि नृत्य के दौरान उनकी कल्पना में ज़्यादातर उनकी ही छवि होती है।

कविता के शीर्षक के नीचे लिखा हुआ है 'कु. के लिए'। 'कु.' यानी आदरणीया कुमुद खरे, उर्फ़ सुधा शर्मा—विष्णुजी की जीवनसंगिनी—जिन्हें 1994 में प्रकाशित अपना दूसरा कविता-संग्रह 'सबकी आवाज़ के पर्दे में' कवि ने असीम अनुराग से भरे इन शब्दों के साथ समर्पित किया था : '(आत्म-) समर्पण—राजकीय महाविद्यालय, रतलाम, मध्य प्रदेश की 1967 की अपनी बी.ए. की छात्रा सुधा शर्मा को—कविपत्नी श्रीमती कुमुद खरे जिस पर क़ाबू पाने में नितान्त असफल रहीं' और 2017 में प्रकाशित अपने आख़िरी संग्रह 'और अन्य कविताएँ' के समर्पण में भी जिन्हें कृतज्ञता, अधिकार और प्रेम में रचे-पगे इन शब्दों में पुकारा गया है—'...साथ में निरन्तर कठिनतर प्रेम-दाम्पत्य की इस द्वन्द्वपूर्ण-अर्धशती वेला में सौ. सुधा (कुमुद) खरे (शर्मा) और मातृ उनके बच्चों गुड्डू (अनन्या), गुड़िया (गीला) और शुक्ष (अप्रतिम) को'।

रतलाम के जिस राजकीय महाविद्यालय में कुमुदजी पढ़ती थीं, विष्णु खरे वहीं पढ़ाते थे। वह भी नृत्य सीखती थीं और कॉलेज में नर्तकी के रूप

में विख्यात थीं। हँसी-हँसी में विष्णु खरे कहते थे कि वहाँ वे इसलिए प्रसिद्ध थीं क्योंकि किसी और को नृत्य करना आता ही नहीं था।

विष्णुजी ने यह कविता उन्हें ही प्रसन्न करने—कवि के शब्दों में, 'रिझाने के लिए' लिखी थी।

नर्तकी

कु. के लिए

वृत्ताकार अग्निरेखाओं में
वह एक अल्पना रचती जा रही थी
एक स्पन्दित ज्यामिती
अपने एकान्त उल्लास के सुदूर आश्चर्यदेश में
स्वयं को देख मुग्ध होती हुई

सारे आयामों से परे
वह सब कुछ थी
लहरों या बादलों में बनते आकारों की तरह
या गतिहीन शब्दों और अर्थों के बाहर
एक सर्वातीत कविता
कल्पना के दर्पणों से दीप्त कारागार में
जिसे तल्लीन भंगिमाएँ और संकेत
अपरिमित मुक्ति देते थे

सत्रह

एक बार विष्णु खरे ने एक कुत्ता पाला। शौक़ में कुत्ता घर तो आ गया, लेकिन उसकी वजह से विष्णुजी की पत्नी को बहुत दिक़्क़त होने लगी। वह छोटा कुत्ता जितना प्यारा था, उतना ही हुड़दंगी भी था। वह घर की छत पर पाखाना कर देता था जिसे उनकी बड़ी बेटी साफ़ करती थीं और टोकरी में भरकर जला आती थीं। यह छोटा लैब्रेडोर जब-तब अटैक भी करता था। विवश होकर उसे छोड़ देना पड़ा। विष्णु खरे ही उसे छोड़ने गये और पूरे जीवन इस अनुभव से बरी न हो पाये। यह अपराध-बोध कवि के लिए बहुत भारी था। उन्हें लगता था कि वह अपना दिमाग़ गँवा देंगे। उससे छूटने की ख़ातिर उन्होंने कविता लिखी। उन्होंने मुझसे कहा था कि इसकी हल्की-सी अनुमति उन्हें ग्रीक फ़िल्मकार अंगेलोपुलुस की फ़िल्म से भी मिली, जिसका नायक दुनिया छोड़कर जा रहा है। उसके पास एक जर्मनशेफर्ड कुत्ता है जिसे वह किसी को दे देता है। दृश्य में एक बड़ा मैदान है जिसमें कई लोग हैं। नायक उस आदमी से कुछ बात करता है जिसे वह कुत्ता देने वाला है। शायद यह कह रहा हो कि मैं जा रहा हूँ। अब तुम इसकी देखभाल करना। इसके बाद नायक लौटने लगता है। यहाँ फ़िल्मकार ने एक बहुत लम्बे शॉट में उसे जाता हुआ दिखाया है; लेकिन तभी वह अपने कुत्ते को पलटकर देखता है। कुत्ता उससे बहुत दूर है, बिल्कुल ब्लर्ड, लगभग धब्बा, लेकिन वह भी नायक को देख रहा है।

कला जोख़िम उठाती है। जैसे, जिस बात को देखकर हम रो सकते हैं, उसका बिल्कुल संयत, ग़ैरभावुक और वस्तुनिष्ठ बयान। इस बात में कला के भीतरी अनुशासन की झलक भी है। दुनिया की हर कला अपने दर्शक की संवेदनशीलता की परीक्षा लेती है। विष्णु खरे की कविता भी हमें परीक्षा

में डालती है। वह बहुत समझौताहीन और कठोर तरीक़े से अपने संवेदन पर धूल डाले बग़ैर मुमकिन नहीं हो सकती। सबसे ज़रूरी भावुक बातें भी वह हमें नहीं बताती। उसकी आकांक्षा हमें 'चैलेंज' देने की है। वह पाठक से कहती है, 'पढ़ो, समझो और अपने संवेदन की जाँच करो'।

अगर विष्णु खरे या कोई भी लेखक इस रास्ते पर आगे बढ़े और उसकी लोकप्रियता—इन दिनों हिन्दी में जिसका नाम फ़ेसबुक पर मिलने वाली लाइक्स की संख्या है—कम हो जाय तो कैसा अचरज? इतनी मुश्किल शर्त ख़ुद पर आयद करने के बाद और क्या हो सकता है?

आख़िरी सालों में भी विष्णु खरे के घर में एक कुत्ता था। बिंगो। वह उन्हें और उनके बेटे को बहुत प्यार करता था। विष्णुजी भी बहुत स्नेह और ममता के साथ उसका ज़िक्र करते थे। जब भी उनके बेटे शूटिंग पर जाते या विष्णु खरे को ही कहीं बाहर जाना होता—वह उदास हो जाता—इतना उदास, कि उन्हें छोड़ने घर के दरवाज़े तक भी न आता। संयोग से पिता-पुत्र दोनों अगर बाहर चले गये हैं तो वह उदासी में बिल्कुल डूब जाता। विष्णुजी के घर से बाहर जाते समय घर का कोई सदस्य उससे कहता—बिंगो! देखो, पापा जा रहे हैं, लेकिन बिंगो क्योंकर उठें? वह जनाब अपनी उदासी में जहाँ भी पड़े हों, वहीं पड़े रह जाते थे। असल में, वह पहले ही समझ जाता था कि पापा जा रहे हैं—हाँ—समझना चाहता नहीं था। लेकिन इन लोगों के लौटने पर ख़ुशी के मारे वह लगभग मर जाता था।

हम लोग जानते ही हैं, विष्णु खरे की विवरणों में कितनी दिलचस्पी थी। वह बताते थे कि फ्लैट में रहने वाले कुत्ते और बँगले में रहने वाले कुत्ते के ख़ुशी ज़ाहिर करने के तरीक़ों में कैसा फ़र्क़ होता है। दिल्ली में उनकी किसी महिला मित्र के घर एक कुत्ता था। वह परिवार बँगले में रहता था। कुत्ता विष्णुजी से बहुत घुला-मिला हुआ था। जब विष्णु खरे वहाँ पहुँचते, वह उत्साह में बावला होकर मैदान का एक चक्कर लगाता, फिर उनके पास आकर उनसे लिपटता। इस क्रिया को वह तब तक दोहराता रहता जब तक थककर निढाल न हो जाय।

विष्णु खरे अपनी दुनिया में बिल्कुल डूबे हुए थे और क़तई गाफ़िल नहीं थे। लोगों, पशु-पक्षियों, निर्जीव वस्तुओं, राजनीति, क्रिकेट और घटनाओं

के बारे में उनकी अथाह दिलचस्पी उनकी कविता को मुश्किल ही बनाती है। कविता में इन चीज़ों की 'डिटेलिंग' के लिए उन्होंने भावुकता, आत्मदया और सरलीकरण के साथ एक ग़ैरसमझौतापरस्त रिश्ते की खोज की। इसलिए जीवन से हासिल 'इमोशन' को कविता में वह एक चिकित्सक की सी सावधानी और निस्संगता से काम में ले सके। इसलिए कई बार उनकी कविता–जिसका शरीर यथार्थ के ही पंचतत्त्वों से बना हुआ है–यथार्थ से घायल हमारे मन पर किसी उपचार की तरह असर करती है।

अठारह

विष्णु खरे उन दिनों मीर पढ़ रहे थे और अपने कविता-संग्रह के शीर्षक की तलाश में थे। मीर के यहाँ उन्हें एक शेर मिला। अब किताबत करवानी थी, क्योंकि वह उसे फ़ारसी लिपि में ही अपनी किताब में प्रकाशित करवाना चाहते थे। शेर लेकर विष्णुजी जामा मस्जिद गये, जहाँ किताबत होती है। कातिब की तहज़ीब पर उस दिन वह अभिभूत हो गये थे जब उसने उनसे पूछा कि क्या यह शेर आपने फरमाया है? विष्णु खरे ने तत्काल उत्तर दिया—'नहीं भई। मेरी इतनी हैसियत कहाँ'। वह बोला—'लेकिन शेर बहुत पाये का है'। विष्णु खरे ने उत्तर दिया—'इसीलिए तो चुनकर लाया हूँ। अपनी किताब में देना है। मेरी किताब का उनवान है यह'।

ख़ुदा-ए-सुख़न मीर तकी मीर का वह शेर इस तरह है :

गोश को होश के टुक खोल के सुन शोर-ए-जहाँ
सब की आवाज़ के पर्दे में सुख़न साज़ है एक

1994 में प्रकाशित विष्णु खरे का कविता-संग्रह 'सब की आवाज़ के पर्दे में' मेरी कमनिगाही में हिन्दी की शायद पहली किताब है जिसका ऑपरेटिव शेर उर्दू में है।

उस दिन विष्णु खरे कातिब से पेज बनवाकर ले आये, जो आगे चलकर उनके संग्रह में वैसे ही छपा।

असल में विष्णुजी को शायरी से ही नहीं, किताबत से भी—बल्कि उस पूरी तहज़ीब से बहुत मुहब्बत थी। किताबत की परम्परा क़ुरआन से जुड़ी है। क़ुरआन की किताबत बहुत बड़ा सवाब है। हिन्दू धर्म में जाति प्रथा ने सब कुछ बिगाड़ दिया और बहुत ज़्यादा समय वेदों-पुराणों को जातियों से

छिपाने में स्वाहा कर दिया गया। लिपि का सवाल ही तब खड़ा होता है, जब किसी को कॉपी चाहिए होती है, लेकिन जब कोई समाज लम्बे दौर तक इसी बात से डरता रहा हो कि उसके ग्रन्थों की कॉपी गन्दी न हो जाय, म्लेच्छ और शूद्र उन्हें छूकर—यहाँ तक कि सुनकर—भ्रष्ट न कर दें तो वाक़ई उसके भगवान ही मालिक होते हैं।

उन्नीस

'कोमल'। छिन्दवाड़ा में विष्णु खरे के मुहल्ले में ही एक परिवार था, जिसमें माँ नहीं थीं, सिर्फ़ पिता थे और उनके तीन या चार बेटे। कोमल उन भाइयों में सबसे बड़ा, तगड़ा और ऊँचा, लेकिन मन्दबुद्धि था। उसका दिमाग़ बच्चों-जैसा था। बाद में उसे अपने घर से खाना मिलना बन्द हो गया। घर के लोग उसे खाने को नहीं देते थे तो वह मुहल्ले में ही आसपास जाकर भीख माँगता था। वहाँ सब उसे पहचानते थे। सब लोग उसके परिवार को भी जानते थे। परिवार भी यह जानता था कि वह भीख माँगता है। परिवार के दूसरे लोग बाहर चले जाते और कोमल घर में रह जाता था। जब उसे भूख लगती थी तो उठता था और भीख माँगने निकल जाता था। एक बार लोगों ने उसे इतना तंग किया कि वह घर और मुहल्ला छोड़कर चला गया। तब से उसका पता ही नहीं चला। उसके जाने के बाद मुहल्लेवालों ने उसका एक नया अवतार बनाया जो बहुत दिलचस्प है।

सोलह बरस की उम्र तक विष्णु खरे अपने पिता की नौकरी में होने वाले तबादलों की वजह से छिन्दवाड़ा, पिपरिया, बैतूल और अम्बिकापुर जैसे क़स्बों में रह आये थे। इसके बाद कॉलेज की पढ़ाई के दौरान वह खण्डवा में तो रहे ही। गुरबत भी उन्होंने देखी ही थी। यों, उनके पास क़स्बे की जीवन-हलचलों का अचूक ऑब्ज़र्वेशन था। पचास की दहाई के अन्तिम वर्षों में रघुवीर सहाय कविता में साधारण जीवन के अतिपरिचित बिम्बों और निम्नमध्यवर्गीय बनक वाली भाषा के इस्तेमाल का रास्ता तैयार कर ही रहे थे। विष्णुजी उसी राह के राही थे। असद ज़ैदी के शब्दों में, अगर रघुवीर सहाय पैगम्बर हैं तो विष्णु खरे हमारे ख़लीफ़ा।

बहरहाल, कहने की ज़रूरत नहीं कि विष्णु खरे स्थानीय कहानी को सार्वभौम बना सकते थे। क़स्बे को केन्द्र में रखकर लिखी गयी उनकी सारी कविताएँ पूरे देश में पढ़ी गयीं और कई विदेशी भाषाओं—विशेषकर जर्मन और फ्रेंच में उनका अनुवाद भी हुआ। किसी ख़ास चरित्र को बीच में रखकर लिखी गयी उनकी ऐसी ही एक कविता 'एक कम'—जिसका नायक महानगर की सड़कों पर भीख माँगता एक आदमी है—2013 में क्रोएशिया के एक अन्तर्राष्ट्रीय कविता-समारोह के लिए चुन ली गयी थी। उस समारोह में कवि सिर्फ़ मेहमान होता है, कविताओं का पाठ अभिनेता करते हैं। विष्णुजी ख़ुश होकर बताते थे कि जिस अभिनेता ने वहाँ यह कविता पढ़ी थी, वह उससे बहुत प्रभावित हुआ था। उसने विष्णुजी से बताया था कि इसे पढ़ने के बाद अपने समाज को लेकर उसका नज़रिया बदल गया था।

इस कविता में एक गाली को संज्ञा की तरह बरता गया है। कवि के आख़िरी संग्रह—'और अन्य कविताएँ' में भी एक कविता ऐसी है जिसका नायक—एक बीमार बुज़ुर्ग—जो आजीवन गाँधीवादी संस्थाओं से जुड़ा रहा एक भद्र पुरुष है—बेहोशी के आलम में दुनिया जहान समेत अपने परिजनों को भी माँ की गाली देता चला जा रहा है, जबकि विष्णुजी का गालियों पर कभी यक़ीन नहीं रहा। क्रोध के एकाध दुर्लभ अवसर के स्वगत को छोड़कर मैंने उन्हें कभी गाली देते नहीं देखा। उनकी बौद्धिक संस्कृति यह इजाज़त उन्हें नहीं देती थी। हाँ; किसी बहस में प्रतिपक्षी को नीचा दिखाने के इरादे से मूर्ख, मतिमन्द, जाहिल, कायर, धूर्त, चालाक, शोहदा, बेवक़ूफ़ और कृमि जैसे विशेषणों का—लिखित या वाचिक—वह गालियों की ही तरह धाराप्रवाह इस्तेमाल कर सकते थे। यहाँ भी एक शब्द उनका ब्रह्मास्त्र था—'मीडियॉकर'।

लेकिन मेरा शक है कि उनके मन में गालियों के लिए एक 'ऑब्सेशन' ज़रूर था, जो मध्यभारत के क़स्बाई आदमी का एक चरित्र-लक्षण है और यथार्थ के प्रति उनकी दुर्निवार संसक्ति का साक्ष्य भी।

कोमल

किस स्थानीय मसखरे ने
उसे ख़ुद को कोमल गाँडू कहना सिखा दिया था

यह एक रहस्य है
लेकिन अब उसे किसी और नाम से पुकारना अजीब लगता था
कई बार मुहल्ले की सम्भ्रान्त महिलाएँ भी
उस पर कोई फुटकर दया करते समय
उसे इसी नाम से अनायास पुकार देतीं
और फिर कई दिनों तक
अपनी ज़बान दाँतों के नीचे रख आपस में खिसखिसाया करती थीं

अपने विधुर पिता मुंशीजी और छोटे भाइयों के लिए
वह अनिर्वचनीय दैनन्दिन लज्जा का कारण था—
अक्सर वे अपने काम से
घर पर ताला डालकर चल देते थे
और गलियों-बाज़ारों से वह लौटता, थका हुआ और ख़ुश,
तो देर तक दरवाज़े के पास बैठे रहने के बाद
जब भरे-पूरे शरीर की भूख उसके दिमाग़ तक पहुँचती
तो किसी भी घर के सामने
वह सपरिचय रोटी के लिए पुकारता
जो शीघ्र ही मिल जाती—उसे अपने प्रभाव का पता न था
किन्तु जवान होती हुई लड़कियों के उस इलाक़े में
कौन अपने दरवाज़े पर बार-बार वह बेलौस नाम सुनना चाहता।
जहाँ मरियल लड़कों और नुक्कड़-नौजवानों का मनोरंजन
उस मानव रीछ को नचाने-गवाने
और सारा वैविध्य समाप्त हो जाने के बाद रुलाने का था
(विचित्र आनन्ददायक भाँ-भाँ रुदन था उसका)
वहाँ वह नितान्त मित्रहीन भी नहीं था
लोगों ने उसे राममन्दिर में हमेशा औंधे पड़े रहनेवाले कबरबिज्जू से
और चुड़ैल समझी जानेवाली सत्तर वर्षीया भूतपूर्व दहीवाली से भी
लम्बी बातें करते हुए देखा था
जो दोनों के बीच रोमांस और शादी (मज़ाक़, भारतीय शैली)

की अफ़वाहों के बावजूद
उसे बेटा कहती थी।
अपनी क़िस्म के लोगों की तरह
अरसे तक ग़ायब रहने की आदत
हमारे चरितनायक की भी थी लेकिन
अबकी बार जब वह लौटा
तो दरवाज़े पर कई दिन बैठने के बाद भी ताला नहीं खुला
और लोगों ने भरसक उसे समझाया
कि मुंशीजी और उसके भाई मकान और शहर छोड़कर चले गये
लेकिन वह ख़ुश होता हुआ उनकी तरफ देखता रहा
फिर कुछ दिनों तक लगातार
कबरबिज्जू तथा दहीवाली से गुप्त मन्त्रणाएँ करता रहा
और इसके-उसके चबूतरे पर सोने की खुली कोशिशें।
जब मकान में वाक़ई असहिष्णु दूसरे रहनेवाले आ गये
तो वह अदृश्य हो गया।

यहाँ से तथ्यों का दामन छूटता है।
गृहस्थों की याद्दाश्त कमज़ोर होती है किन्तु कल्पनाशीलता तेज़—
कबरबिज्जू और दहीवाली कहाँ चले गये
यह पूछें तो जानकारियों के अनेक संस्करण मिलेंगे।
और जिसके वे दोनों एकमात्र मित्र थे
वह कभी सिवनी, कभी नागपुर, कभी एक ही समय में
अलग-अलग तीरथों (और अगर हरनारायन वकील के लड़के
बैजनाथ पर विश्वास किया जाये तो बम्बई तक) में
देखा गया। जहाँ तक मुहल्ले के आम लोगों का सवाल है
उनमें काली माई के इष्टवाली जमनाबाई का सपना ही
ज़्यादा स्वीकृत हुआ है
जिसमें दिखा था कि कबरबिज्जू ने, जो असल में
एक मालगुज़ार था जिस पर सराप था,

वापस गाँव जाके ज़मीन-जायदाद जो थी सो ग़रीबों में बाँट दी
और साधू हो गया
दहीवाली बुढ़िया जो बिना बताये बरसों से बरत रखती थी
मैया की सिद्धी पाके सीधी सुरग चली गयी
और गेरुआ अंगरखा पहने लाल-लाल आँखोंवाला एक जोगी
जो आके ग्यान और करम की बातें कर रहा था
वह अपना कोमल गाँडू था।

बीस

किसी बात का जवाब देते हुए विष्णु खरे के नज़रिये में एक योद्धा का सौन्दर्य आ जाता था। अभय, निश्छलता और प्रत्युत्पन्नमति के जल को आपस में मिलाकर उन्होंने यह तासीर हासिल की थी। ज़ाहिर है, इसके पीछे कोई सचेत कोशिश न रही होगी, बल्कि उन्हीं की कविता 'कूकर' के शब्दों में कहें तो 'शरारत शुरू में ही कहीं हो चुकी थी'।

अपनी मृत्यु के कुछ पहले जब दिल्ली सरकार ने उन्हें हिन्दी अकादमी का उपाध्यक्ष बनाया तो हम लोग जितने प्रसन्न हुए, उतने ही चकित भी। विष्णु खरे और संस्थान? कहाँ संस्थाओं के पतन का हाहाकारी दौर, कहाँ विष्णुजी जैसा बीहड़ स्पष्टवादी।

मैंने उन्हें फ़ोन किया और हिन्दी अकादमी का उपाध्यक्ष बनने की बधाई देने की बजाय यही पूछा—'ऐसा कैसे हो सकता है?' इसका जैसा जवाब उन्होंने दिया, वैसा सिर्फ़ वही दे सकते थे—'क्या बात कर रहे हो? तुम्हें संगीत नाटक अकादेमी का युवा पुरस्कार मिल सकता है तो मैं हिन्दी अकादमी का उपाध्यक्ष क्यों नहीं हो सकता?'

इक्कीस

विष्णु खरे की कविता जैसे-जैसे गद्य के पास आती गयी, उसके राजनीतिक रुझान भी स्पष्ट होते गये। कोई चाहे तो क़रीब जाकर उस जगह को ठीक से पहचान सकता है, जहाँ पहुँचकर वह गद्यात्मक कविता के संसार में जम्प करते हैं। ख़ुशी की बात है कि वह समय उनके रचनात्मक सफ़र में जल्द ही आ गया, अन्यथा, यह भी सम्भव था कि विष्णु खरे किसी और क़िस्म के कवि होते। कविता का नाम है 'नये खेल'—जो श्रीकान्त वर्मा और नरेश मेहता के सम्पादन में निकलने वाली मशहूर पत्रिका 'कृति' के जनवरी, 1960 के अंक में प्रबोध कुमार, अशोक वाजपेयी, महेन्द्र भल्ला, प्रयाग शुक्ल, केदारनाथ अग्रवाल, गिरिजा कुमार माथुर, अजित कुमार, कान्ता, प्रभात रंजन और मक़बूल फ़िदा हुसैन की कविताओं के साथ प्रकाशित हुई थी। किसी मेजर पत्रिका में छपने वाली यह उनकी पहली कविता है। अजीब बात है कि इस प्रकाशन के दस साल बाद, 1970 में, 'पहचान सीरीज़'—जिसके सम्पादक और आयोजक अशोक वाजपेयी थे—की पहली संख्या में 'विष्णु खरे की कविताएँ' शीर्षक से प्रकाशित संग्रह की कुल बीस कविताओं में यह कविता नहीं है। आगे चलकर कवि ने इसे 1980 में प्रकाशित अपने संग्रह 'ख़ुद अपनी आँख से' में भी प्रकाशित नहीं किया। अन्ततः 1998 में आये संग्रह 'पिछला बाक़ी' में यह कविता शामिल है। 'कृति' के इस अंक में लेखकों के पते भी प्रकाशित हैं। 'विष्णु खरे-75 परदेशीपुरा, खण्डवा'—विष्णु खरे तब खण्डवा के एक कॉलेज में पढ़ रहे थे; 'अशोक वाजपेयी—गोपाल गंज, सागर' और 'ज्ञानरंजन—साधना सदन, 77 लूकरगंज, इलाहाबाद'।

इस कविता का नायक है नेपा का कारख़ाना और प्रतिनायक असीरगढ़ का क़िला। यों, इस कविता को नये बनते औद्योगिक समाज और दरकते हुए सामन्तवाद के बीच रेफ़्लेक्सेस की कशमकश के रूपक की तरह पढ़ा जाय तो कोई हर्ज नहीं। यह लड़ाई अगर अपनी शक्लें बदलकर अब तक जारी है तो विष्णु खरे की कविता ने भी उसमें अपना पक्ष चुनने और नये औज़ारों के साथ उसे समझने का काम भी अन्त तक बन्द नहीं किया था। हाँ, इस कविता में प्रतीकों की मार्फ़त अपनी बात कहने का जो किशोर उत्साह दिखायी देता है—इसके पहले प्रकाशन के समय कवि बीस वर्ष का भी नहीं है—वह ज़रूर कम होता गया। लेकिन कविता में पूरा वाक्य लिखने की जो सिफ़त उनकी पहचान बनी, उसकी आहट इस कविता में सुनी जा सकती है।

नये खेल

दूर
खेल से बहिष्कृत बालक-सा
असीरगढ़
कनखियों से इस ओर देखता है।

इधर नेपा मिल की चिमनियाँ
किसी दिवालिए मुद्दतों से तरसे हुए
सिगरेट-प्रेमी सी
हिचकिचाती-सी, मज़े ले-लेकर,
धुआँ उगलती हैं।
समझौतावादी धुआँ
किसी दुनिया देखे बूढ़े-सा
यत्नपूर्वक चलकर
असीर की रुष्ट मीनारों तक पहुँच
उनके प्राचीन, बधिर कर्णविवरों में
नेपा का नूतन सन्देसा फुसफुसाता है।

किन्तु
असीर और कुढ़ता है
तथा
खेल से बहिष्कृत बाल.क-सा
मुँह फुलाये
(खेलने की इच्छा रखे हुए भी)
'ऊँह' की मुद्रा बनाये
वक्र खड़ा रहता है।

बाईस

विष्णु खरे का लिखा बहुत कुछ अब कहीं मौजूद नहीं है। जो कुछ पुस्तकों में प्रकाशित है, पढ़ने वालों को उसी से सन्तोष करना पड़ रहा है।

अख़बारों में लिखे गये उनके सधे, सुलिखित और कुछ जल्दबाज़ आलेखों को याद करते हुए अशोक वाजपेयी ने कहा है–'अज्ञेय और शमशेर की मृत्यु के बाद उन्होंने जो शोक-टिप्पणियाँ बिना नाम के लिखी थीं, वे अपने गद्य में अप्रतिम हैं।'

तेईस

बर्टोल्ट ब्रेख्त विष्णु खरे के प्रिय कवियों में से एक थे। उन्होंने ब्रेख्त के अनुवाद भी ख़ूब किये। मंगलेश डबराल ने ब्रेख्त की एक कविता के ज़रिये विष्णु खरे को याद किया है। उस कविता का आशय कुछ यों है कि जब मैं तुमसे रुखाई के साथ और बिना तुम्हारी ओर देखे हुए बात करूँ तो तुम यह समझो कि मैं तुमसे बहुत लगाव रखता हूँ और तुम्हारे लिए फ़िक्रमन्द हूँ।

बारह-तेरह साल पहले की बात है। देवीशंकर अवस्थी सम्मान समारोह में विष्णु खरे और विजय कुमार के साथ मुझे भी भाषण देना था। कार्यक्रम शुरू होने के कुछ पहले ही मैं रवीन्द्र भवन पहुँच गया। वहाँ सब लोग चाय पी रहे थे। मैं मंगलेशजी के पास जाकर खड़ा हो गया। जिन लोगों को आप पढ़ते हैं, उन्हें देखने और उनके बीच बोलने का मेरे लिए यह पहला ही मौक़ा था। क्या कहूँ कि मेरे भीतर क्या चल रहा था।

ज़ाहिर है, विष्णुजी भी वहाँ थे। मुझे एकदम साफ़-साफ़ याद है, मंगलेशजी ने उनसे मेरा परिचय कराते हुए कहा—'विष्णुजी, यह व्योमेश है, बनारस से आया है।' विष्णु खरे ने सहमति में सूई की नोक-भर सिर हिलाया और दूसरी ओर देखने लगे। बस। किसी को भी लग सकता था—मंगलेशजी को भी लगा होगा कि उन्होंने बात सुनी ही नहीं, तो उन्होंने कुछ पल बाद दोबारा कहा—'विष्णुजी, यह व्योमेश है, बनारस से आया है, आज आपके साथ इसे भी बोलना है।'

आप जानते ही हैं, विष्णु खरे ने क्या कहा होगा—लगभग डाँटते हुए वह बोले—'और कितनी बार परिचय कराओगे मंगलेश?'

मैं विष्णु खरे को पहचान गया। वह वाक़ई ब्रेख्त की उस कविता के भीतर थे।

चौबीस

महाभारत और मुग़ल काल के इतिहास के जिन प्रसंगों पर विष्णु खरे ने कविताएँ लिखीं, वे हिन्दी तो क्या, पूरी भारतीय कविता में भी प्रायः अछूते रहे हैं। उनकी कविता 'सत्य' में महाभारत का ऐसा ही एक अद्भुत प्रसंग है। महाभारत की कथाओं को आधार बनाकर लिखी गयी यह उनकी शुरुआती कविताओं में से एक है। युद्ध हो चुका है और राज्य अब पाण्डवों का है, लेकिन धृतराष्ट्र और गान्धारी के साथ कुन्ती और विदुर भी वन जाना और वहीं रहना तय कर चुके हैं। कुन्ती का मानना है कि ठीक है कि राज्य अब मेरे बेटों का है, लेकिन मैं यहाँ रहकर क्या करूँगी? मेरी मर्यादा इसमें है कि मैं अपने जेठ, जेठानी और देवर के साथ वन चली जाऊँ। वन जाने वाले चौथे व्यक्ति विदुर हैं। उन्हें भी लग रहा है कि मेरा काम हो गया। वैसे, विदुर के सम्बन्ध आजीवन पाण्डवों से रहे हैं। युधिष्ठिर उन्हें बहुत मानते हैं और हर बार, जब उन्हें कुछ समझना होता है तो विदुर के पास ही जाते हैं—आप बतलाइये, इस प्रकरण में क्या करना है? धृतराष्ट्र, गान्धारी, कुन्ती और विदुर के वन चले जाने के बाद हस्तिनापुर में उम्र और अनुभव में सबसे बड़े पचास-साठ बरस के महाराज युधिष्ठिर ही हैं; लेकिन युधिष्ठिर संसार के इतिहास के सबसे 'मिसफिट' राजाओं में से एक हैं। दरअसल, उन्हें राज्य नहीं करना था। राजा बनने की इच्छा उनमें नहीं थी। विदुर उनके लिए साक्षात् सत्य और न्याय के विग्रह थे। उन्हें विदुर के पीछे जाना था। वे गये। तब क्या हुआ, कविता में इसी की कहानी है।

ऐसा नहीं कि विष्णु खरे महाभारत के मुख़्तलिफ़ प्रसंगों पर नियमित कविताएँ लिखते रहे हों, बल्कि वह लम्बे अन्तराल के बाद रह-रहकर

महाभारत की ओर लौटते हैं। 1994 में प्रकाशित 'सबकी आवाज़ के पर्दे में' में महाभारत-सम्बन्धी चार कविताएँ हैं—'द्रौपदी के विषय में कृष्ण', 'सत्य', 'लापता' और 'अज्ञातवास'। इस संग्रह के नौ साल बाद, 2003 में प्रकाशित 'काल और अवधि के दरमियान' में एक—'अग्निरथोवाच'; 2008 में आये कविता-संग्रह 'पाठान्तर' में भी एक—'अन्ततः' और 2017 में प्रकाशित 'और अन्य कविताएँ' में दो—'प्रत्यागमन' और 'सर्पसत्र' महाभारत से जुड़ी हुई हैं। यों, उनकी महाभारत-सम्बन्धी कविताओं की कुल संख्या आठ है। उनके पहले तीन कविता-संग्रहों—'एक ग़ैर-रूमानी समय में', पहचान सीरीज़ की पहली संख्या में प्रकाशित 'विष्णु खरे की कविताएँ' और 'ख़ुद अपनी आँख से'—में महाभारत से जुड़ी एक भी कविता नहीं है। यानी, इतना तय है कि महाभारत की ओर जाने के लिए उन्होंने कम-से-कम चालीस बरस की उम्र तक इन्तज़ार किया था।

विष्णु खरे का जुनून महाकाव्यात्मक था और तमाम बेचैनी के बावजूद रचनात्मक धीरज की उनमें कोई कमी न थी। शायद महाभारत ही वह रास्ता था जिस पर मुक्तिबोध और रघुवीर सहाय के पैर नहीं पड़े थे। ध्यान दें, विष्णु खरे के कवि-व्यक्तित्व की ख़ातिर इस नुक्ते में आमन्त्रण और चुनौती—दोनों है।

मनुष्य-अस्तित्व से जुड़ा एक अजीब गहन अनुभव—कि 'मैं' हूँ—और इसी समय—यहाँ या कहीं और—मेरा एक 'मैं' और भी है—दूसरे शब्दों में, इसी दुनिया में कहीं मेरा एक similar and another है—विष्णु खरे की कविताओं में कई बार आता है। हम लोग इस पर अलग से भी बात करेंगे। इस अनुभव को क्या कहा जाय? क्या यह कोई मनोविक्षेप है जो बोर्ख़ेज़ से होता हुआ विष्णुजी तक पहुँचा है? हम जानते हैं कि स्वयं के एक नहीं, दो होने की बात बोर्खेज़ के यहाँ भी है। तब? अगर यह एक दार्शनिक ख़याल है तो भी सर्जनात्मक कल्पना पर ही आधारित है। मिसाल के लिए, एक पुरानी भारतीय दार्शनिक अवधारणा, कि माया ईश्वर का स्वप्न है, मनोवैज्ञानिकों के मुताबिक़, स्वप्न में हुए अनुभवों को extrapolate करने से बनी है। फ़िलहाल हम इसे 'क्रिएटिव ट्रांस' की तरह समझें।

अपनी एक कविता 'द्विगुणित' में उन्होंने इस अनुभव को बहुत खोलकर कहा है :

'बताता है सृष्टि विज्ञान
कि जिस तरह हमारी यह पृथ्वी है
ठीक उसकी दर्पणछाया या प्रतिलिपि की तरह
सौ प्रतिशत वैसी ही एक दुनिया और है'

इस कविता के प्रायः तीस साल पहले इसी अनुभव के कुछ कोमल और निरीह संस्करण 'अर्थ' और 'अपूर्ण' जैसी कविताओं में आ चुके थे, लेकिन उन कविताओं में अमूर्तन ज़्यादा है और 'प्रोएक्टिव' राजनीतिक मिज़ाज कम। यही नहीं, विष्णु खरे के आलोचनात्मक लेखन में भी इस अजीब गहन अनुभव के प्रति ललक देखने को मिलती है। तार सप्तक के कवि भारत भूषण अग्रवाल के कविता-संग्रह 'एक उठा हुआ हाथ' पर केन्द्रित अपने निबन्ध 'ज़िन्दगी का बाँस और कविता की कटी पतंग' में भारतजी की कविता 'चोट' के बारे में वह लिखते हैं—'हो सकता है कि मुझे यह कविता इसलिए भी अच्छी लगी हो कि मैं स्वयं कभी मैं और अन्य वस्तुओं के बीच उस रहस्यमय 'स्पेकुलेटिव' सम्बन्ध को व्यक्त करने की इच्छा रखता हूँ जिसे पकड़ पाने की सफल कोशिश इस कविता में हुई है। प्रत्येक सोचने वाला व्यक्ति कभी-न-कभी इस बात से भयभीत हो उठता है कि अपने से अलग भी वह कोई और दूसरा है (यह वाक्य उस भावना का सरलीकरण समझा जाये)। श्रीकान्त वर्मा ने अपनी एकाध कविता में इसे व्यक्त करने का प्रयत्न किया है किन्तु उसका उतना गहरा और रोमांचक अन्वेषण उनमें नहीं है जितना भारतजी की कविता में है। मानव-अस्तित्व के रहस्यों पर हिन्दी कवियों की दृष्टि कम ही गयी है।'

लेकिन हम लोग महाभारत के एक प्रसंग पर एकाग्र कविता 'सत्य' की बात कर रहे थे। उस कविता में उचित ही कवि ने विदुर को सत्य का प्रतीक बनाया है। विदुर के सामने युधिष्ठिर हैं—जिनकी जिज्ञासाओं का कोई अन्त नहीं है। वह खाण्डवप्रस्थ के जंगलों में विदुर-रूपी सत्य का पीछा कर रहे हैं; लेकिन, 'कभी दिखता है सत्य! कभी ओझल हो जाता है'; क्योंकि 'सत्य शायद जानना चाहता है! कि उसके पीछे हम कितनी दूर तक भटक सकते हैं';

और जब 'एक दिन पता नहीं क्या सोचकर रुक ही जाता है सत्य' तो वही अजीब गहन अनुभव घटित होता है जिसका उल्लेख हम ऊपर कर आये हैं, और जो दशकों से कवि के मन के एक कोने में मौजूद है—'उसमें से उसी का हल्का-सा प्रकाश जैसा आकार/समा जाता है हममें'।

लेकिन विष्णु खरे के लिए सत्य को अर्जित कर लेने की प्रक्रिया इतनी-भर होती तो क्या बात थी। इसी कविता को लें—इतना कुछ हो जाने के बाद भी यह तय नहीं है कि सत्य 'हममें विलीन हुआ या हमसे होता हुआ आगे बढ़ गया।' भीतर और बाहर—सच के अनेक रूपों की तलाश एक अहर्निश उद्योग है, जिसे विष्णु खरे ने अपना दायित्व बनाया है। तुरन्त काम पूरा करके चैन की साँस वह नहीं लेते। महाभारत की लड़ाई में जीत-हार का फ़ैसला भले हो गया हो, सत्य की खोज एक ऐसी प्रक्रिया है, जिसमें जय-पराजय के फ़र्क़ को सूक्ष्म से सूक्ष्मतर होते जाना है।

सत्य

जब हम सत्य को पुकारते हैं
तो वह हमसे परे हटता जाता है
जैसे गुहारते हुए युधिष्ठिर के सामने से
भागे थे विदुर और भी घने जंगलों में

सत्य शायद जानना चाहता है
कि उसके पीछे हम कितनी दूर तक भटक सकते हैं

कभी दिखता है सत्य
और कभी ओझल हो जाता है
और हम कहते रह जाते हैं कि रुको यह हम हैं
जैसे धर्मराज के बार-बार दुहाई देने पर
कि ठहरिए स्वाकमी विदुर
यह मैं हूँ आपका सेवक कुन्तीनन्दन युधिष्ठिर
वे नहीं ठिठकते

यदि हम किसी तरह युधिष्ठिर जैसा संकल्प पा जाते हैं
तो एक दिन पता नहीं क्या सोचकर रुक ही जाता है सत्य
लेकिन पलटकर सिर्फ़ खड़ा ही रहता है वह दृढ़निश्चयी
अपनी कहीं और देखती दृष्टि से हमारी आँखों में देखता हुआ
अन्तिम बार देखता-सा लगता है वह हमें
और उसमें से उसी का हल्का-सा प्रकाश-जैसा आकार
समा जाता है हममें

जैसे शमी वृक्ष के तने से टिककर
न पहचानने में पहचानते हुए विदुर ने धर्मराज को
निर्निमेष देखा था अन्तिम बार
और उनमें से उनका आलोक धीरे-धीरे आगे बढ़कर
मिल गया था युधिष्ठिर में
सिर झुकाये निराश लौटते हैं हम
कि सत्य अन्त तक हमसे कुछ नहीं बोला
हाँ हमने उसके आकार से निकलता वह प्रकाश-पुंज देखा था
हम तक आता हुआ
वह हममें विलीन हुआ या हमसे होता हुआ आगे बढ़ गया
हम कह नहीं सकते
न तो हममें कोई स्फुरण हुआ और न ही कोई ज्वर
किन्तु शेष सारे जीवन हम सोचते रह जाते हैं
कैसे जानें कि सत्य का वह प्रतिबिम्ब हममें समाया या नहीं
हमारी आत्मा में जो कभी-कभी दमक उठता है
क्या वह उसी की छुअन है
जैसे
विदुर कहना चाहते तो वही बात कह सकते थे
सोचा होगा माथे के साथ अपना मुकुट नीचा किये
युधिष्ठिर ने
खाण्डवप्रस्थ से इन्द्रप्रस्थ लौटते हुए

पचीस

हिन्दी साहित्य संसार का कॉमनसेन्स कब एक रिवाज में रूढ़ हो जायेगा, कहना कठिन है। जैसे, विष्णु खरे के लेखक-व्यक्तित्व के बारे में दो बातें फ़ैशन में रही हैं। इनकी उपयोगिता से इनकार नहीं है—आख़िर फ़ैशन की बुनियाद में कुछ उपयोगिता तो होती ही है, लेकिन इनकी प्रासंगिकता की जाँच भी होती रहनी चाहिए। क्या ही अच्छा हो कि आलोचनात्मक हस्तक्षेप, केसस्टडी और मौलिकता से कॉमनसेन्स को प्रतिरोध मिलता रहे, ताकि वह समावेशी, ताज़ा और भरोसेमन्द बना रहा आये।

ख़ैर, पहली बात यह है कि अपने भाषणों और आलेखों में वह कई बार अतिरेक कर जाते थे और दूसरी बात यह कि उनकी कविता में विवरणात्मकता है। दोनों बातें अपनी जगह ठीक हैं, लेकिन यह भी तय है कि किसी बौद्धिक संस्कृति के लिए लम्बे दौर तक एक लेखक की शक्ति और सीमा को किसी 'वेग स्टेटमेंट' में समझना भली बात नहीं।

छब्बीस

विष्णु खरे को डरावने सपने आते थे। उन सपनों में से एक ने उन्हें बहुत ज़्यादा परेशान किया। वह देखते थे कि सपने में उनके हाथों कोई क़त्ल हो गया है और इसकी उन्हें सज़ा मिलेगी। इस तनाव को उन्होंने लम्बे समय तक बर्दाश्त किया। 'सबकी आवाज़ के पर्दे में' में संग्रहित 'इक़बाल' में इस सपने के निशान हैं।

विष्णु खरे एक निजी अनुभव को फैंटेसी की ऊँचाइयों तक ले जा सकते थे। सम्भव है फैंटेसी उनके लिए यथार्थ की तार्किक और शायद अन्तिम परिणति भी रही हो। अगर वह 'प्रतिसंसार' भी है तो उपलब्ध संसार से कम यथार्थ नहीं है। दोनों संसार एक-दूसरे की दर्पणछवियाँ हैं और उनमें एक-दूसरे के अनगिनत प्रतिबिम्ब बन रहे हैं। एक शान्त, आवेगमय और 'ग़ैररूमानी' लहज़े में वह इस अनन्तता के बीच खड़े थे। तकलीफ़ इस बात की है कि दोनों ही संसारों में निराशा है और यह आवाजाही एक ग़लत दुनिया से निकलकर दूसरी ग़लत दुनिया में चले जाना है।

मैंने उनसे नहीं पूछा कि 'इक़बाल' लिख चुकने के बाद उन्हें वह सपना आया या नहीं। शायद न आया हो। विष्णु खरे अपना इलाज करना जानते थे। तो क्या वह कविता लिखकर अपने स्वप्न को 'करेक्ट' कर रहे थे—बेशक, एक न्यायसम्मत संशोधन—कि अगर मैंने हत्या नहीं की है तो मुझे सपने में भी हत्यारा न बनना पड़े। कविता में ऐसी कोशिश है भी—'हर दूसरी रात/बिस्तरे से बदहवास उठने/मुँह पर ढँका कपड़ा अकबकाकर खींच फेंकने के बजाय/अब मैं आत्मसमर्पण करता हूँ'।

क्या कविता पर ऐसा भरोसा किया जा सकता है कि वह लिखी जाकर हमें किसी डरावने स्वप्न या बुरे अनुभव से उबार लेगी?

एक और घटना का उल्लेख यहाँ ज़रूरी है। विष्णु खरे और उनके परिवार को कुत्तों से बहुत लगाव था। उन्होंने कुत्ते पाले भी, लेकिन एक बार ऐसा

हुआ कि एक कुत्ते को उसकी शरारतों की वजह से छोड़ देना पड़ा। विष्णुजी खुद उसे छोड़ने गये थे। इस बात ने भी काफ़ी समय तक उनका पीछा किया। बातचीत में उन्होंने इसका ज़िक्र मुझसे किया था। 1986 में हुए इस वाक़ये की रौशनी में मैं उनकी कविताओं की जासूसी करने लगा। यह अनुभव इतना खुला हुआ है कि कविता में इसकी पहचान मुश्किल न थी। अन्ततः 2008 में प्रकाशित कविता-संग्रह 'पाठान्तर' में शामिल 'लौटना' शीर्षक कविता में मैंने उसे पा लिया। इस कविता में वह अनुभव अपनी कसकती-दुखती हुई जड़ों से छूट-सा गया है और उसने अपना स्वतन्त्र अस्तित्व पा लिया है। अनुभव और अभिव्यक्ति के बीच के समयान्तराल में दूसरे जीवन-सन्दर्भ और बदलाव के समाचार भी कविता में दाखिल हो गये हैं। कुत्ते की पहचान भी मिटने की हद तक धुँधली हो गयी है, लेकिन थोड़ी-सी कोशिश से वह पकड़ में भी आ जाता है।

लेकिन विष्णु खरे अनुभव के घटित होने के क्षण की ओर लौटते हैं और उसे वैसे ही दर्ज करना चाहते हैं—यह जानते हुए कि ऐसा करना लगभग असम्भव है। मुक्तिबोध के लहजे में कहा जाय तो वह हर बार अपने साक्षात्कार-सामर्थ्य की तुलना वस्तुसत्य की विशालता से करते हैं और यह मानते हैं कि जो कुछ हुआ, उससे बेहतर किया जा सकता था।

'मुझे मालूम है
कि सिर्फ़ एक आदमी के किये बहुत कम हो पाता है
और मैंने उससे भी कम किया
चाहा तो कितना था कि बहुत कुछ करके जाऊँ
नहीं कर पाया तो उसके कई कारण थे
जिनमें सबसे बड़ा मैं ही था'

('बहुत हुआ' शीर्षक कविता की पंक्तियाँ, 'पाठान्तर'; 2007)

अनुभव के वस्तुमूलक आकलन और यथार्थ के असमाप्त विस्तार के प्रति सही-सही मानसिक प्रतिक्रिया व्यक्त करने की ज़िद उनकी कविताओं के लम्बी हो जाने की एक वजह है। कुँवर नारायण ने बहुत ख़ूबसूरती से इस बात को उनकी कविताओं के सिलसिले में रेखांकित किया है—'उनके लिए किनारे के दृश्य भी उतने ही महत्त्वपूर्ण हैं, जितना वह गन्तव्य या नतीजा, जहाँ वे पहुँचाती हैं।'

लेकिन हम तो कुछ और ही बात कर रहे थे। क्या कविता लिखकर किसी ख़राब अनुभव के सापेक्ष स्वस्थ हुआ जा सकता है? अगर ऐसा होता तो भूख लगने पर हम रोटी की कविता लिखते और हमारा पेट भर जाता

और दुनिया में कोई भी भूखा न होता और सब कवि होते। काश ऐसा होता। अफ़सोस, अनुभव और रचना के बीच का समीकरण इतना सरल नहीं होता। तब क्या ऐसी कविताएँ विष्णु खरे को घायल ही कर रही थीं?

रघुवीर सहाय लिखने को 'आत्महनन' मानते थे। अपनी नोटबुक में एक जगह वह लिखते हैं—'सबसे बड़ा आत्महनन जो किया जा सकता है वह है 'लिखना'।' अगर एक रचना एक जीवनानुभव को पूरा-पूरा स्वायत्त कर सकती तो क्या बात थी। तब पीड़ाएँ डिब्बों में बन्द हो जातीं और कवि नारी चिड़िया देश जागरण पर अलग-अलग कविताएँ लिखकर मुक्त हुआ होता। उसे चौबीस घण्टे का दायित्व न निभाना होता। तब वह तनिक आत्मविश्वास से कहता—जी हाँ। मैंने कविता की है।

इक़बाल

एक नहीं कई हत्याएँ की हैं मैंने
खुद अपने हाथों से मारा है
ले जाये जाते हुए आदमियों औरतों और बच्चों ने
मुझे सरकार भाईसाहब और कभी मेरा नाम लेकर भी
पुकारा है उन्हें बचाने के लिए
कितनी बार जब मैंने उनके ख़िलाफ़ गवाही नहीं दी
शिनाख़्त नहीं की या दस्तख़त नहीं दिये तो चुप रहा हूँ
और दूसरी तरफ़ मुँह फेर लिया है

जैसे कोई मेरे मुँह पर कपड़ा लपेट कर
मुझे घोंटने की कोशिश कर रहा हो—
इस सपने से साँस के लिए हिचकियाँ लेता हुआ मैं
बिस्तर से छटपटाकर छत पर आया हूँ
इतना सच लगता है यह कि मुझे यक़ीन हो चुका है
मैंने अगर ये हत्याएँ नहीं की हैं
और दूसरी कई में हिस्सेदार नहीं रहा हूँ
तो कम-से-कम एक क़त्ल बेशक मुझसे कहीं हुआ है

और वह ऐसा था
कि उसकी चीख़ से
उसे याद रख सकने वाला मेरे दिमाग़ का हिस्सा बहरा ज़रूर
हो गया
लेकिन दूसरे हिस्सों में उसकी गूँज कौंधती रहती है

हर बार यही सपना देखता हूँ
और हर देखने के बाद यह जानने से दूर होता जाता हूँ
कि मैंने किसी की जान ली है
क्योंकि हर अगले सपने में
मेरी की हुई जैसी लगने वाली हत्याएँ बढ़ती जाती हैं
और यह जानते हुए भी कि अकेले मैंने इतनों को नहीं मारा होगा
यह दिन-ब-दिन साफ़ होता जाता है कि मेरे हाथ से
वह एक ख़ून ज़रूर हुआ है

हर दूसरी रात बिस्तरे से बदहवास उठने
मुँह पर ढँका कपड़ा अकबकाकर खींच फेंकने के बजाय
अब मैं आत्मसमर्पण करता हूँ
जिनके बीच जिनके सामने क़बूल करता हूँ वे भी हत्यारे हों या न हों
लेकिन कहता हूँ कि हाँ मुझसे हत्या हुई है
ख़ानापूरी के लिए तुम चाहो तो
सूखा ख़ून हथियार और मेरी उँगलियों के निशान खोज निकालो
वरना मुझे ज़िम्मेदार ठहराने के लिए सुबूत जुटाने की ज़रूरत नहीं है—
बस सज़ा दो और रोज़-रोज़ की इस साँसत से रिहा करो
उस बुरे सपने का हिस्सा बन जाने दो मुझे
जिसे मेरे बाद अब मुझ जैसे कोई दूसरे देखें

लौटना

उसे जहाँ छोड़ा था
कभी-कभी वहाँ जाकर खड़ा हो जाता हूँ

कूड़े के जिस अम्बार को देख
वह लपक कर दौड़ गया था
अब वहाँ नहीं है
दरअसल अब कुछ भी वहाँ उस दिन जैसा नहीं है
मैंने उसे आधे दिल से पुकारा भी था
कि अगर लौट आये तो उसे वापस ले जाऊँ
लेकिन वह सिर्फ़ एक बार मेरी तरफ़ देखकर
मुझे ऐसा लगा कि जैसे हँसता हुआ
कूड़ा खोदने में जुटा रहा

उसके बाद मैं चला आया लेकिन कई बार लौटा हूँ
वह जगह अब एकदम बदल चुकी है
नयी इमारतों दूकानों की वजह से पहचानी नहीं जाती
वह कूड़ा भी नहीं रहा वहाँ
वह सड़क अन्दर जहाँ जाती थी
उस पर भी कुछ दूर तक गया हूँ
वह या उससे मिलता-जुलता कुछ भी दिखायी नहीं देता
कभी-कभी एकाध आदमी पूछ लेता है
किसे देखते हैं भाई साहब
नहीं यूँ ही या कोई और झूठ बोलकर चला आता हूँ
कई कारणों से वहाँ जाना कम होता गया है
और अब तो बहुत ज़्यादा बरस भी हो गये
फिर भी कभी लौटता हूँ सारी उम्मीदों के ख़िलाफ़
और जहाँ वह कूड़े का ढेर था उससे कुछ दूर
बस उतनी ही देर
याद करता खड़ा रहता हूँ कि कोई मददगार फिर पूछे नहीं

एक दिन ऐसे जाऊँगा कि कोई मुझे देख नहीं पायेगा
और बिना पुकारे पता नहीं कहाँ से
वह झपटता हुआ तीर की तरह आयेगा
पहचानता हुआ मुझे अपने साथ ले जाने के लिए

सत्ताईस

मृत्यु विष्णु खरे की कविता में बार-बार आती है। शुरू से अख़ीर तक। उनकी कई कविताओं पर मरने का बहुत गहरा असर है। उनका कवि-व्यक्तित्व मृत्यु से 'ऑबसेस्ड' है। बचपन में हुई तीन मौतों की परछाईं से वह कविता लिखकर बाहर आने की कोशिश करते रहे। उनकी माँ अट्ठाईस बरस की उम्र में ही नहीं रही थीं। दोनों बुआएँ भी अपनी मृत्यु के समय कमउम्र थीं। इन्हें वह बेकार की मौतें मानते थे, जो नहीं होनी थीं और हो गयीं।

यह एक मानी हुई बात है कि वह फ़िल्मों के विशेषज्ञ थे, लेकिन उनमें से भी जिन फ़िल्मों में मौत के आने और किसी किरदार को अपने साथ ले जाने का ज़िक्र है, वे उन्हें ख़ासतौर पर तंग करती थीं। एक बार उन्होंने 'महात्मा कबीर' नाम की पुरानी फ़िल्म—जिसमें भारत भूषण कबीर बने थे—को याद करते हुए बताया था कि उसमें भी मौत एक चरित्र की तरह आती है और कबीर को अपने साथ ले जाती है। नर्गिस और दिलीप कुमार-अभिनीत पुरानी फ़िल्म 'बाबुल' में मौत नर्गिस को लेने घोड़े पर सवार होकर कुल तीन बार आती है, और जब भी वह आती है नौशाद की धुन में रफ़ी साहब का गाया गाना बजता है—'आओ ! साजन खड़े हैं दुआर, लेने को आये कहार, डोली पे हो जा सवार'। आख़िरी बार नर्गिस उस घुड़सवार के साथ ही घोड़े पर सवार होकर चली जाती है। 'धर्माधिकारी' नाम की एक और पुरानी फ़िल्म में एक वक़ील की मौत होने वाली है। वहाँ मौत जज बनकर आयी है—काली पोशाक पहने, मोटा चश्मा लगाये और उस वक़ील का घर ढूँढ़ती हुई। मौत के इस तरह आने की बात विष्णु खरे को अद्भुत लगती थी। यों, इतना निश्चित है कि मृत्यु उनकी कविता में दाख़िल होने का एक दरवाज़ा है।

निवेदन है कि कविता की रचना-प्रक्रिया को सहानुभूति से देखा जाय। ऐसी कविता लिखते हुए व्यक्ति हर बार एक क़िस्म के 'नर्वस ब्रेकडाउन' का सामना करता है, हालाँकि कविता लिखकर वह अपना उपचार भी करता जाता है। रचनाकार अपने अनुभवों के 'यूनिवर्स' में इतनी दूर तक जाता है जहाँ से लौटना मुश्किल हो; लेकिन वह लौटता है। ध्यान दें, उसका लौटना तय नहीं है—वह नहीं भी लौट सकता। कुँवर नारायण की मशहूर कविता 'अबकी अगर लौटा तो' को याद कीजिए—जिसमें 'बृहत्तर', 'मनुष्यतर', 'कृतज्ञतर' और 'पूर्णतर' लौटने के संकल्प हैं, लेकिन एक अनिवार्य 'अगर' भी है। अबकी 'अगर' लौटा तो।

विष्णु खरे के काव्यसंसार में मृत्यु से जुड़ी कविताओं की सूची एक अन्तहीन सूची होगी। मौत कई बार उनकी कविता के केन्द्र में है—कहीं वाचक की मृत्यु, कहीं किसी भीषण त्रासदी के भीतर से उभरती मृत्यु, कहीं मृतक की स्मृति में आयोजित शोकसभा, कहीं महाभारत के मिथकीय किरदारों की मौत और मौत के बाद उनका लौटना, तो कहीं माँ की मृत्यु के विवरण। 1946 में तपेदिक से हुई अपनी माँ की मौत के समय कवि की उम्र महज़ छह साल थी, लेकिन उस घटना के बासठ साल बाद, 2008 में प्रकाशित कविता-संग्रह 'पाठान्तर' की एक कविता में वह मृत्यु की उस मनहूस रात को किसी संवाददाता की तरह कविता में दर्ज करते हैं।

विष्णु खरे ने स्मृति और कल्पना को हमेशा यथार्थ के औज़ारों की तरह बरता। असीम आकाश में उड़ान भरते समय भी यथार्थ का रडार उनकी कविता की निगरानी करता रहता था। उन्होंने इन औज़ारों से अपने यथार्थ को कुछ और यथार्थ बनाया।

बीते सालों, छिन्दवाड़ा में रहते हुए एक बार वह गम्भीर रूप से बीमार पड़े और उन्हें इलाज के लिए मुम्बई जाना पड़ा। कुछ दिन बीत जाने के बाद, यह पता लगाकर कि वह अब संकट से बाहर आ चुके हैं, मैंने उन्हें फ़ोन किया। बातों-बातों में वह बोले—'इस बार बच गया, नहीं तो तुम अब तक कम-से-कम तीन श्रद्धांजलि लेख लिख चुके होते।'

अट्ठाईस

पहला कविता-संग्रह आने के बाद मेरी एक कविता 'बुद्धू बक्सा' नामक ब्लॉग पर छपी। मैं उसे लेकर सशंकित था। असल में बात बन नहीं पायी थी। तुर्रा यह कि उस अमूर्त और अस्पष्ट कविता में एक वाक्य यह भी था—'और तुम स्साले बताओ कहीं मैं समझ में तो नहीं आ रहा हूँ।' जैसे जीवन का कोई बड़ा कठिन सत्य उपलब्ध कर लिया गया हो, जिसे साधारण पाठक नहीं समझ पायेंगे।

कुछ दिन बीते। डर के मारे मैंने विष्णुजी को फ़ोन नहीं किया, अन्यथा कविता पर वह कुछ-न-कुछ बुरा बोलते।

एक दिन किसी और वजह से उन्हीं का फ़ोन आ गया। काम की बात होने के बाद मुझे ही न जाने क्या सूझा कि मैंने कविता के बारे में पूछ लिया।

इसके बाद वही हुआ जो होना था। उनका कहा सुनने से पहले आप एक बार ऊपर लिखी मेरी काव्यपंक्ति पढ़ लें। अच्छा ठीक है। मैं ही फिर से लिख देता हूँ। कविता पंक्ति थी—'और तुम स्साले बताओ कहीं मैं समझ में तो नहीं आ रहा हूँ।'

विष्णु खरे का जवाब था—'अबे स्साले! इसमें ऐसा कुछ भी है क्या, जो मुझे न समझ आये।'

और बातों के अलावा विष्णु खरे में रोमांच भी भरपूर था!

उनतीस

द्रौपदी के स्वयंवर में कृष्ण भी गये थे। वहाँ पहुँचकर अपने पाँच फुफेरे भाइयों—पाण्डवों—को पहचानने में उन्हें देर न लगी। वे भी द्रौपदी के लिए आये थे, लेकिन कृष्ण अपने भाइयों से कैसे मुक़ाबला कर सकते थे? उन्होंने ख़ुद को होड़ से हटा लिया। कृष्ण तीर चलाने आये ही नहीं, क्योंकि वह जीत जाते और द्रौपदी उनकी पत्नी हो जातीं। द्रौपदी को मालूम था कि कौन-कौन से राजा स्वयंवर में आये हैं। वह पहले ही कृष्ण को देख चुकी थीं। कृष्ण ने संयम बरता, कि अब द्रौपदी उनकी जीवन-संगिनी नहीं हो सकतीं। अब वह मेरे भाई की पत्नी है—तब तक तय नहीं हुआ था कि एक अजीब स्थिति में वह पाँचों भाइयों की पत्नी हो जायेंगी।

अगर आप 'प्रेमिका' शब्द का कोई चालू और सस्ता मतलब न लगायें और राममनोहर लोहिया की तरह इस शब्द में सखा-सखी भाव भी लेकर चलें तो यह कहने में कोई हर्ज़ नहीं कि द्रौपदी कृष्ण की प्रेमिका हैं। वैसे, कृष्ण की अनेक प्रेमिकाएँ हैं। लोहिया जी कहते हैं—'प्रेमिकाओं का प्रश्न ज़रा उलझा हुआ है। किसकी तुलना की जाये, रुक्मिणी और सत्यभामा की, राधा और रुक्मिणी की या राधा और द्रौपदी की....अब तो मीरा ने भी होड़ लगानी शुरू की है।'

मुख्य विषयवस्तु के साथ-साथ 'द्रौपदी के विषय में कृष्ण' शीर्षक इस कविता में विष्णु खरे की दिलचस्पी की दो चीज़ें और हैं—महाभारत और मृत्यु। वह मृत्यु को तुरन्त 'डिराकरा' करते थे। 'मर्लन ब्रांडो' विष्णु खरे के पसन्दीदा अभिनेता थे और अपनी कालजयी फ़िल्म 'द गॉड फादर' में वह उरा बीहड़ माफ़िया 'डॉन विटो कार्लिओने' के अवतार में सिनेदर्शकों के दिल में हमेशा अमर रहेंगे, जिसके बारे में उसका वक़ील कहता है कि 'वह एक ऐसा आदमी है जो बुरी ख़बरें फौरन सुनना चाहता है'। डॉन के इस

'पैशन' को विष्णु खरे ने अपने स्वभाव और शख़्सियत में ढाल लिया था। किसी नाटकीय क्षण में वह कहते भी थे—'बुरी ख़बरें सबसे पहले मुझ तक लाओ।' यथार्थ के प्रति जुनून की हद तक पहुँची हुई यह उनकी दीवानगी ही थी। मृत्यु ने विष्णु खरे को नहीं छोड़ा तो विष्णु खरे ने भी उसे कहाँ छोड़ा। उनके काव्यसंसार में शुरू से अन्त तक वह बेचैन चहलकदमी करती रही।

इस कविता में भी—जो बुनियादी रूप से स्त्री और पुरुष के बीच अनोखे प्रेम-सम्बन्ध की कविता है—पाण्डवों की मृत्यु का दृश्य है। यही नहीं, कृष्ण की आसन्न मृत्यु भी बादल की तरह कविता के आसमान पर छायी हुई है। कृष्ण की मृत्यु के इशारे उनकी कम-से-कम तीन कविताओं में हैं—इस कविता, यानी 'द्रौपदी के विषय में कृष्ण' में उनके वार्धक्य और होने वाली मृत्यु का संकेत है। 'और अन्य कविताएँ' में शामिल 'प्रत्यागमन' में भी उनकी मौत बस आने ही वाली है, लेकिन कृष्ण के अन्त का सबसे प्रच्छन्न आख्यान 'साम्बवती' शीर्षक कविता में आया है, जहाँ राजधानी में हरियाणा, राजस्थान, कच्छ और सौराष्ट्र से आयी महिलाएँ कोई वाजिब काम न मिलने की सूरत में सड़क पर किसी नवयुवती के प्रसव-पीड़ा से कराहने, ख़ून बहने और उसे अस्पताल ले जाने की ख़ातिर पैसा न होने की वजह से स्यापा करती हुई आती हैं और आने-जाने वाले लोगों से रुपयों की माँग करती हैं। यह सब उनका स्वाँग है, लेकिन यहीं कवि एक डरावनी शंका करता है :

'कहीं से कोई शाप दगा
इस अक्षतयोना गर्भवती की कोख से पैदा होगा एक मूसल
जिसे अगर पीसकर भी लहरों में फेंका जायेगा
तो वह लौट आयेगा बनकर किनारे की संहारक घास
घर-घर दौड़ेगी अट्टहास करती मृत्यु
समुद्र बढ़कर राजधानियों को निगल लेगा
नष्ट हो जायेंगे मदान्ध और उच्छृंखल राजवंश के राजवंश?'

हम लोग जानते हैं कि बिल्कुल नये रागों के अलावा उस्ताद संगीतकार-गायक शास्त्रीय संगीत में कुछ जोड़ रागों की रचना भी करते रहे हैं। जोड़ राग, यानी एक से अधिक रागों का जोड़—एक राग की पटरी पर दूसरे राग की रेलगाड़ी के आने की आहट। कुमार गन्धर्व का बनाया

ऐसा ही एक राग 'धनवसन्ती' मैंने कलापिनी कोमकली के गायन में सुना है। एक ओर से पूरिया धनाश्री और दूसरी ओर से वसन्त—पूर्वांग में पूरिया धनाश्री और उत्तरांग में वसन्त—पूरिया धनाश्री का आरोह और वसन्त का अवरोह—लेकिन, उस्तादों के बनाये जोड़ रागों की ख़ास बात यह भी होती है कि जोड़ आपको दिखेगा नहीं। ठीक वैसे ही, 'साम्बवती' में भी आज के भारत में चल रहे अपमान, ग़ैरबराबरी, वंचना और अन्याय के महाभारत और वेदव्यास के प्राचीन महाकाव्य 'महाभारत' का ऐसा जोड़ है कि सिलाई का कोई निशान आप कविता के कालीन को उलटकर देखने पर भी नहीं खोज सकेंगे।

विष्णु खरे के निधन के बाद हुई एक शोकसभा में किसी ने कहा था कि कुछ समय पहले हुई बातचीत में विष्णु खरे ने उसे बताया था कि मैं आजकल कैंची लेकर महाभारत पढ़ रहा हूँ, लेकिन मेरे लिए विष्णुजी के इस बयान से सहमत होना ज़रा मुश्किल है, क्योंकि कैंची लेकर महाभारत या किसी भी ग्रन्थ को सिर्फ़ काटा जा सकता है, जबकि ऐसी कविताओं के ज़रिये उन्होंने महाभारत की परम्परा में कुछ नया, उद्दाम और प्रासंगिक जोड़ा ही है।

क्या विष्णु खरे भी रघुवीर सहाय की तरह लोहिया से प्रभावित थे? हाँ, लेकिन वैसे नहीं, कुछ और ढंग से। सहायजी की शख़्सियत पर वह प्रभाव बहुत सम्पूर्ण और पारदर्शी है। विष्णु खरे के यहाँ वह प्रभाव कभी प्यार कभी नफ़रत के अजब छन्द वाला, असहमति और संकोच में लगा-लिपटा, टूटा और बिखरा हुआ दिखायी देता है। अपनी एक बातचीत में वह कहते हैं—'लोहिया जनता के आदमी थे। लोहिया संसद में बोलने वाले आदमी हैं, बहस करने वाले आदमी हैं, मज़ाक़ उड़ाने वाले आदमी हैं, पोलेमिकल आदमी हैं। लोहिया हिन्दी वालों के बीच उठने-बैठने वाले आदमी हैं। महाभारत पढ़े हुए आदमी हैं। उन्हें औरतों से भी प्यार है। वह द्रौपदी के बारे में एक अलग दृष्टि रखते हैं। वह जर्मनी से आये हैं। उनका बौद्धिक संसार यूरोप का है। यूरोप का पोस्ट वॉर एटीटयूड है उनका।'

भारत की डे-टु-डे पॉलिटिक्स की बारीक़ समझ, लोकतान्त्रिक मूल्यों से मुहब्बत, रामायण और महाभारत के लिए अनुराग और 'सक्रिय राजनीति' के वज़न पर 'सक्रिय पत्रकारिता' करने की 'स्पिरिट' उन्हें लोहिया के पास ले जाती है, लेकिन विष्णु खरे का काम मार्क्सवाद के बिना नहीं चलता—

यह बात उन्हें लोहिया से दूर भी करती है। जो भी हो, इसमें कोई शक़ नहीं कि इस कविता में विष्णु खरे लोहिया की ज़मीन पर खड़े हैं। लोहिया कहते हैं—'द्रौपदी से बढ़कर, भारत की कोई प्रखर-मुखी और ज्ञानी नारी नहीं। ....पाँचों पाण्डव और अर्जुन भी उसके सामने फीके थे। यह कृष्णा तो कृष्ण के ही लायक़ थी। महाभारत का नायक कृष्ण, नायिका कृष्णा। कृष्णा और कृष्ण का सम्बन्ध भी विश्व-साहित्य में बेमिसाल है... जो हो, कृष्णा और कृष्ण का यह सम्बन्ध राधा और कृष्ण के सम्बन्ध से कम नहीं, लेकिन साहित्यिकों और भक्तों की नज़र इस ओर कम पड़ी है।'

लोहिया के अन्तिम वाक्य पर फिर से ग़ौर करें—'साहित्यिकों और भक्तों की नज़र इस ओर कम पड़ी है'।

यह मानने की कोई भी वजह हमारे पास नहीं कि विष्णु खरे ने लोहिया का यह मशहूर निबन्ध न पढ़ा होगा। उन्होंने ज़रूर इसे पढ़ा होगा और इस वाक्य को चुनौती की तरह लिया भी होगा; लेकिन, अजीब है कि निबन्ध के प्रकाशन—जिसकी ठीक-ठीक तारीख़ मालूम न होने की सूरत में इतना तो कहा ही जा सकता है कि वह 12 अक्टूबर, 1967 को हुई लोहिया की मृत्यु के पहले छपा होगा—और 1994 में प्रकाशित 'सबकी आवाज़ के पर्दे में' शामिल इस कविता के बीच समय का लम्बा फ़ासला है। इस अवधि में गंगा में बहुत-सा पानी बह गया और अनेक बड़ी घटनाओं के अलावा विष्णु खरे के कवि-व्यक्तित्व को हिलाकर रख देने वाली दो मौतें भी हुईं—25 मई, 1986 को हुई श्रीकान्त वर्मा की मृत्यु और 30 दिसम्बर, 1990 को हुआ रघुवीर सहाय का निधन। इनमें से श्रीकान्तजी की मौत को कुछ देर के लिए छोड़ भी दें तो क्या लोहिया के निबन्ध की तरह रघुवीर सहाय की मृत्यु का कोई सम्बन्ध विष्णु खरे की महाभारत-सम्बन्धी कविताओं से बनता है? शायद बनता हो। शायद न बनता हो, लेकिन आज की तारीख़ में यह ख़याल, कम-से-कम मेरे लिए, बहुत विचारोत्तेजक है कि काव्यदृश्य में रघुवीर सहाय और विष्णु खरे की लम्बी साझा मौजूदगी के बावजूद सहायजी के जीते जी महाभारत पर एकाग्र विष्णुजी की एक भी कविता प्रकाशित नहीं हुई। क्या यह महज़ संयोग है?

महाकाव्यात्मक मिथकों में विष्णु खरे की आवाजाही से निस्सन्देह कविता लिखने की दुनिया बड़ी हुई। साथ ही, मुक्तिबोध और रघुवीर सहाय

वाली प्रबलतर धारा में रहकर कविता लिखना पहले से अधिक लोकतान्त्रिक और समावेशी हो गया। बेशक, उसकी रचनात्मक ज़िम्मेदारी भी बढ़ गयी।

द्रौपदी के विषय में कृष्ण

कितना समय बीत गया जब तुमने मुझे अन्तिम बार पुकारा था
वह बहुत बड़ी शूरवीरता नहीं थी दोनों या तीनों बार
लज्जित भीरुता और उद्दण्ड कायरता के बीच से
केवल एक सामान्य साहस में तुम्हारे समीप होने की छोटी-सी बात थी
हर बार जब लौटा था तो जानता था जो कुछ तुमने कहा
उसे लोग स्तुति या पुकार कहकर निस्सार कर देंगे
तुम पाँच योद्धा पतियों की साध्वी पत्नी
मैं सहस्रों गोपियों तथा पटरानियों का सन्दिग्ध भोक्ता
राधा के मुग्ध प्रेम की अनेक कथाओं का नायक
जिसका उल्लेख-मात्र मुझे बाद में संकोच और झुँझलाहट से भर देता था
किन्तु किसे विश्वास होगा कि तुम्हारे मुख पर सदैव ऐसा कुछ था
कि प्रासाद में अकेले छोड़ दिये गये हम
परस्पर अर्थों को अन्तिम सीमा तक समझते हुए
एक-दूसरे के स्पर्श की इच्छा तक नहीं करते थे
चुप विदा होते हुए जब मैं लौटता था
तो इन्द्रप्रस्थ से द्वारका के लम्बे रास्ते में
वह रथ की घरघराहट नहीं
तुम्हारी वाणी की गूँज तुम्हारी आँखों की दीप्ति होती थी
और दारुक पीछे मुड़-मुड़कर व्यग्र होता था
फिर मैंने देखा अपने ही सामने
तुम्हारे और मेरे बान्धवों और प्रियजनों को मरते हुए
तुम्हें देखा शिविर में लौटते हुए अपने पतियों की शुश्रूषा करते हुए
यह सब उस समय जब मैं अर्जुन से कह रहा था
और कृपाचार्य को सफल होते देख रहा था

कौरव तथा पाण्डव मेरी मुस्कराहट से सम्भ्रमित होते होंगे
किन्तु पूरे कुरुक्षेत्र पर मैं तुम्हारी आँखें देखता था
उन्हीं के कारण कदाचित् मित्रों से इतनी दूर
द्वारका में आ बसा मैं

अब यह मेरा अन्तिम क्षण है
सारी भविष्यवाणियों शापों अपशकुनों को चरितार्थ करता हुआ
सदा की भाँति हतप्रभ दारुक अभी-अभी गया है
और मैं बैठा हुआ हूँ प्रतीक्षा में कि वह मूढ़ व्याध ज़रा आये
और मेरे तलुए को मृग का मुख समझे
पटरानियाँ जिनके नाम भी ठीक से स्मरण नहीं कर सकता
जो अब अधेड़ भी नहीं रहीं
उन्हें अपने बूढ़े मित्र तुम्हारे अब अशक्त पति
अर्जुन के हवाले कर दिया है
धैर्यहीन सागर बार-बार द्वारका के तट से लौट रहा है
कोई सन्देश नहीं है तुम्हारे लिए मेरे पास
हमारे बीच वह आवश्यक ही कब था
हाँ देख रहा हूँ तुम्हें पीछे लिए हुए तुम्हारे पतियों का प्रस्थान
सबसे पहले तुम्हारा गिरना और छोड़ दिया जाना
अपने सदाशय दम्भ में कुरु के वंशजों ने मुड़कर सत्य को बहुत कम देखा
तब शरीर से अलग होकर तुम कहोगी कृष्ण और पाओगी
कि मैं पहले ही की दूरी पर तुम्हारे समीप हूँ
हम चलेंगे साथ साथ तुम्हारे पतियों को एक एक कर गिरता देखते हुए
सुनते हुए तुम्हारे सबसे बड़े पति के सदा की तरह धर्मप्राण वाक्य
तुम उन सबकी इस अन्तिम पावन अहम्मन्यता पर मेरी ओर देखती हुईं
और मैं मुस्कराता हुआ किन्तु तुम्हें नहीं मालूम होगा और मुझे भी नहीं
कि जाने क्यों वर्षों से विस्मृत बाँसुरी और उसपर आती राधा का
अचानक स्मरण करता हुआ

तीस

नवम्बर '17। मैं चार तारीख़ की रात कालिदास समारोह में अपने नाटक 'पंचरात्रम' का मंचन करके माँ के साथ बनारस लौटा ही था कि पाँच तारीख़ की शाम माँ को दोबारा ब्रेन हैमरेज हुआ। दिसम्बर '15 में हुए पहले ब्रेन हैमरेज़ के बाद से ही वह कमज़ोर हो गयी थीं और व्हीलचेयर से चलती-फिरती थीं। हाँ, उनकी जिजीविषा अपार थी। हम लोग पाँच की रात ही उन्हें लेकर बीएचयू गये, जहाँ वह अस्पताल के सघन चिकित्सा कक्ष में भर्ती हो गयीं और दस दिनों के बीहड़ समर के बाद पन्द्रह नवम्बर को नहीं रहीं।

मैं 'ममा'ज़ ब्वॉय' हूँ। चार साल की उम्र में पिता को खो देने के बाद मैं माँ की परछाईं था। उनसे अलग होकर मैं जेएनयू में एमफ़िल की पढ़ाई नहीं कर पाया और वापस भाग आया था।

माँ आईसीयू में अचेत पड़ी थीं और मेरा चिमटा बाहर की गैलरी में गड़ा हुआ था, लेकिन शुभचिन्तकों और मित्रों का बड़ा समूह पल-भर के लिए भी मुझे अकेला नहीं छोड़ रहा था।

उन दिनों वह मेरे लिए हमेशा उपलब्ध थे। मैं व्यग्र होकर उन्हें फ़ोन करता था और वह मुझे सिर्फ़ सुनते थे। ये जीवन के इकलौते ऐसे दस दिन थे जब उनके और मेरे बीच क्या बातचीत हो, यह मैं तय कर रहा था। विष्णुजी महज श्रोता थे। हम लोग बहुत देर तक बात करते थे। मैं अम्मा की तबीयत के बारे में ही नहीं, दुनिया-जहान की तमाम बातें कहता था। उन्हीं दिनों मुझे उनके साथ रज़ा फ़ाउंडेशन के एक कार्यक्रम में रायपुर रहना था। मैं नहीं जा सका, लेकिन वह गये थे। असल में पाँच नवम्बर से पन्द्रह नवम्बर के बीच मैं पागल हो गया था और कार्यक्रम के

बीच में भी फ़ोन करके उनसे पूछता था कि कौन क्या कह रहा है, क्या हो रहा है, आदि। वह धीरज के साथ बताते थे, जबकि माँ के जीते जी या जाने के बाद बातचीत में उन्होंने औपचारिक शोक का एक शब्द भी मुझसे नहीं कहा।

तब मुझे नहीं पता था कि वह सुन-सुनकर मुझे मरने से बचा रहे थे।

इकतीस

मुक्तिबोध के सौ बरस पूरे होने पर फ़रवरी '18 में रज़ा फ़ाउंडेशन ने एक बड़ा 'कवि समवाय' दिल्ली में किया था। विष्णु खरे से वहीं आख़िरी मुलाक़ात हुई। मृत्यु से आठ महीने पहले वह कुछ कमज़ोर ज़रूर दिख रहे थे, लेकिन पूरे फॉर्म में थे।

'मुक्तिबोध : आज' शीर्षक सत्र में वह बोल रहे थे—'मुक्तिबोध के उपनामों की बात बहुत दिलचस्प है। मुक्तिबोध सरकारी नौकर थे और 1950-60 के दशक के सरकारी नौकर के लिए सम्पादक के नाम पत्र लिखना भी जोख़िम-भरा काम था। अगर आप पत्र लिखते थे तो अपने हेड से इसकी इजाज़त लेनी होती थी कि साहब मैं फलाँ जगह के लिए पत्र लिखना चाहता हूँ। ऐसी इजाज़त अक्सर नहीं मिलती थी। मुक्तिबोध पूरी वामपन्थी पत्रकारिता कर रहे थे। मुक्तिबोध पूरे संसार की राजनीति को समझते थे। डी. पी. मिश्र ने उन्हें सारथी में साहित्य-सम्पादन के लिए नौकरी दी थी, लेकिन उस अख़बार में वह छद्‌मनामों से राजनीतिक मुद्दों पर लेख लिखते थे। मुक्तिबोध के मन में एक बहुत बड़ा 'पैरानोइआ' था कि सीआईडी और सीआईए उनके पीछे पड़ी है। उनकी सारी पत्रकारिता—कई और चीज़ें भी—उपनाम से की गयीं। डी. पी. मिश्र ने उन्हें काम दिया था, लेकिन मुक्तिबोध ने उनकी काव्यरचना 'कृष्णायन' को भी नहीं बख़्शा। उस ज़माने में वैसी पत्रकारिता अंग्रेज़ी में भी नहीं हो रही थी।'

'मुक्तिबोध का तनाव कई बार विपरीत से विपरीत परिस्थिति में भी सच बोलने के अडिग संकल्प से उपजा तनाव है। उन्हें किसी भी क़ीमत पर सच बोलना था। वह सच बोले बिना रह नहीं सकते थे।

दरअसल, मुक्तिबोध बहुत बड़े पत्रकार थे। समूची हिन्दी पत्रकारिता में उन-जैसा कोई दिखता नहीं। वह कितना जानते थे।'

'मुक्तिबोध का नाम ही भारतीय कविता का सबसे 'ब्रांड' बन गया है, जिसका नाम लेते ही सामने वाला समझ जाता है कि आप किसके बारे में बात कर रहे हैं और कौन-सी बात करेंगे? मुक्तिबोध की मौजूदगी बतलाती है कि एक विपन्न, दरिद्र, भूखों मरने वाला और चाय की चुस्कियों पर 'सर्वाइव' करने वाला आदमी भी हमारा 'ब्रांड' बन सकता है। मुक्तिबोध सौ फ़ीसद ईमानदार थे, लेकिन सरकारी नौकरी के कारण सौ फ़ीसद निडर नहीं हो सकते थे। आज की तारीख़ में मुक्तिबोध हमारी बहुत बड़ी ताक़त हैं, हमारे लिए बहुत बड़ी चुनौती हैं, हमारा आईना हैं और हमारी शर्म भी हैं। हैरत है कि मौत के इतने बरस बाद भी वह सबसे प्रासंगिक कवि हैं। यह दुख की बात है कि देश बड़ा हुआ ही नहीं, वहीं रुक गया। जो कुछ मुक्तिबोध के समय था, आज भी है, बल्कि बढ़ गया। अब तो मुक्तिबोध को भी आज का भारत समझने में दिक़्क़त होगी।'

'मुक्तिबोध ने मेरा जीवन चौपट कर दिया है। मुक्तिबोध से बिना होड़ लिए, मुक्तिबोध को बग़ैर सोचे मैं कोई काम कर ही नहीं सकता। मैं लिख नहीं सकता। मुक्तिबोध हमेशा खड़ा रहता है मेरे पीछे। उसे जवाब दिये बिना मैं कुछ भी लिख नहीं सकता। मुक्तिबोध हम सबका एक बहुत बड़ा 'सेंसर' है। हिन्दी समाज मुक्तिबोध को बेवकूफ़ नहीं बना सका।'

लेकिन इसके अलावा भी विष्णु खरे ने कुछ कहा था, जिसे आमतौर पर हम उनका अतिरेक कहकर पहचानते हैं। पाठकों से विनती है कि 'अतिरेक' कहकर बचिए मत। हमारी सहजबुद्धि वैसे भी जिस चीज़ को अतिरेक मानती है, उसे भीतर ही भीतर घटाकर समझ तो लेती ही है। इसलिए अतिरेक के आरोप से बेहतर है अतिरेक की जाँच।

बहरहाल, विष्णु खरे ने आगे कहा—'मुक्तिबोध अपने पूरे लिखे का 'लमसम' हो गया है। हिन्दी कविता के पाठक के 'कलेक्टिव अनकांशस' पर लैंड कर गया है उनका लिखा सबकुछ। मुक्तिबोध ने हमें बना दिया है। चाहे-अनचाहे हम लोग मुक्तिबोध बन गये हैं। अगर हम थोड़े भी ईमानदार हैं और हमारे भीतर लड़ने का ज़रा-सा भी जज़्बा है तो हम मुक्तिबोध हैं।'

बत्तीस

विष्णु खरे टी. एस. एलियट के प्रशंसक थे। एलियट के 'द वेस्ट लैंड' का हिन्दी अनुवाद 'मरु प्रदेश और अन्य कविताएँ' नाम से उन्होंने बीस बरस की उम्र में ही किया था। 1960 में प्रकाशित उस किताब की हिन्दी भूमिका में रामधारी सिंह 'दिनकर' ने लिखा है कि 'यह अनुवाद अच्छा उतरा है'; और 'इससे सबसे अधिक सन्तोष उन्हें मिलेगा जो अनुवाद को मूल से मिला कर पढ़ेंगे।'

एलियट को कवियों से जिस 'सेंस ऑफ़ फ़ैक्ट' की उम्मीद थी, वह विष्णु खरे में भरपूर था। उनकी कविताएँ तथ्यों की ज़मीन पर मज़बूती से पाँव जमाकर खड़ी रहती हैं। अगर कविता का एक काम अपने पाठक को किसी ख़ास मूल्य तक पहुँचाना है, तो विष्णु खरे के लिए वह रास्ता तथ्यों से होकर गुज़रता है। एक ज़रूरी बात यह भी है कि कविता निरा-तथ्य नहीं हो सकती, सो विष्णु खरे तथ्य से ही तथ्यों का अतिक्रमण भी करते हैं; इसलिए उनकी सर्जनात्मक कल्पना भी परवाज़ के लिए तथ्यों का आसमान तैयार करती है। उसकी 'फ्लाइट' में एक 'रिसर्चर' के व्यवस्थित बौद्धिक श्रम की कौंध कभी अचानक दिखती है, कभी दिखकर ग़ायब हो जाती है।

महाभारत को ही लें। विष्णु खरे युद्ध के दरम्यान कुरुवंश में हुई मृत्यु के आख्यान को पलट देना चाहते थे। यह महाविनाश और मौतों को अनहुआ कर देने की एक कवि की रूमानी रणनीति थी। खेद है कि महाभारत के भीषण यथार्थ के सामने ऐसी कोशिशों की उम्र बहुत छोटी साबित हुई और वे एक कवयोचित सद्भावना-भर होकर रह गयीं, वरना ऐसे प्रयत्न तो संस्कृत साहित्य से आज तक—हर युग में हुए हैं। भास का नाटक 'पंचरात्रम'

एक उदाहरण है—उस संस्कृत नाटक में कुरु राजकुमार दुर्योधन अश्वमेध यज्ञ का आयोजन करता है। यज्ञ के बाद गुरुजनों से दक्षिणा माँगने को कहता है। द्रोणाचार्य अवसर का लाभ उठाकर दक्षिणा के तौर पर पाण्डवों के लिए आधा राज्य माँग लेते हैं। अजीब है कि दुर्योधन इसके लिए तैयार है। मित्र कर्ण और पितामह भीष्म इस निर्णय में उसके साथ हैं; लेकिन शकुनि को दिक़्क़त है—वह दुर्योधन को बरगलाता है कि इतनी आसानी से आधा राज्य न दो। दुर्योधन शकुनि के कहे में आ जाता है और एक विचित्र शर्त रख देता है कि अगर द्रोणाचार्य आने वाली पाँच रातों में पाण्डवों का पता लगा दें तो वह आधा राज्य उन्हें दे देगा। यह असम्भव है, क्योंकि पाण्डव अज्ञातवास में हैं और न जाने कहाँ छिपे हुए हैं। द्रोणाचार्य और भीष्म यह शर्त सुनकर निराश हो गये हैं—उन्हें भरी सभा में द्रौपदी के चीरहरण, पाण्डवों के अपमान और तकलीफ़ों की याद आ जाती है।

लेकिन तभी दुर्योधन के दरबार में ही दूत यह ख़बर ले आता है कि दूर—विराट के राज्य में योद्धा कीचक का वध हो गया है। भीष्म और द्रोणाचार्य तुरत मन ही मन यह जान लेते हैं कि हो न हो, पाण्डव वहीं—विराट के यहाँ छिपे हैं, जहाँ कीचक का वध हुआ है, क्योंकि भीम ही कीचक को मार सकता है। वे तत्काल पाँच रातों में पाण्डवों का पता लगाने की दुर्योधन की असम्भव लगती शर्त पर राज़ी हो जाते हैं।

राजा विराट कीचक के रिश्तेदार हैं और कीचक की मृत्यु के कारण ही वह दुर्योधन के यज्ञ में शामिल न हो सके हैं, लेकिन दूर तक न सोचने दाले दुर्योधन के मन में चल रहा है कि विराट ने न आकर उसका अपमान किया है। भीष्म और द्रोणाचार्य दुर्योधन को विराट के गोधन—गायों—का अपहरण कर लेने के लिए उकसाते हैं; क्योंकि वे यह जानते हैं कि अपने आश्रयदाता राजा विराट की गायों पर हमला होते देखकर पाण्डव चुप नहीं बैठेंगे और उन्हें बचाने के लिए ज़रूर सामने आयेंगे—अगर ऐसा हुआ तो द्रोण यह शर्त जीत जायेंगे और पाण्डवों को आधा राज्य मिल जायेगा।

दुर्योधन के नेतृत्व में कौरव सेना विराट की गायों पर हमला बोल देती है। दिलचस्प है कि भीष्म, द्रोण और कर्ण आदि के साथ-साथ अभिमन्यु

भी कौरवों की ओर से लड़ रहा है। बृहन्नला के वेश में छिपा हुआ अर्जुन विराट की ओर से गायों को बचाने के लिए कौरवों से घनघोर संग्राम करता है। युद्ध के एक रोमांचक-मार्मिक क्षण में अर्जुन का मुक़ाबला अभिमन्यु से होने लग जाता है। अभिमन्यु अर्जुन को नहीं पहचानता, लेकिन अर्जुन उसे पहचानकर पूछते हैं कि तुम कौन हो? वह गौरव के साथ पिता अर्जुन का नाम लेता है, जबकि अर्जुन उसके सामने खड़े हैं। अर्जुन उससे माँ सुभद्रा और सखा कृष्ण का हालचाल पूछते हैं जिनसे मिले बहुत समय हो गया है। समर की अफरातफरी के बीच भीम अभिमन्यु को उठाकर विराट के दरबार की ओर भाग जाते हैं। दुर्योधन, कर्ण, भीष्म और द्रोण आदि भी अभिमन्यु को खोजते हुए वहाँ पहुँच जाते हैं। अर्जुन की कलाई पर धनुष-घर्षण की गाँठ देखकर सबको यह पता चल जाता है कि वह कौन हैं। द्रोण शर्त जीत गये हैं। दुर्योधन का मन भी निर्मल है—वह आधा राज्य पाण्डवों को दे देता है। वहीं, हँसी-ख़ुशी के माहौल में विराट की पुत्री उत्तरा से अर्जुन-पुत्र अभिमन्यु का विवाह भी सम्पन्न होता है।

भास के इस नाटक की कहानी महाभारत के युद्ध को सिर के बल खड़ा कर देती है। अगर दुर्योधन ने आधा राज्य पाण्डवों को दे दिया तो इसका मतलब यही है कि युद्ध हुआ ही नहीं, जबकि विष्णु खरे के ज़माने में संस्कृत से हिन्दी तक आते-आते युद्ध कहीं ज़्यादा वास्तव हो गया है—उसे बदला या टाला नहीं जा सकता, इसलिए वह युद्ध की बजाय मौत के मिथक को चुनौती देते हैं। मृत्यु वैसे भी उनकी दिलचस्पी के केन्द्र में रहती आयी है। उनके आख़िरी संग्रह 'और अन्य कविताएँ' में शामिल 'प्रत्यागमन' में सारे मृतक—'कौरवों की ग्यारह पाण्डवों की सात अक्षौहिणियाँ'—'समस्त बन्धु-बान्धवों सहित'—युद्ध के सोलह साल बाद व्यास के आह्वान पर लौट आती हैं। क्षितिज से उस बहुत बड़े समूह के आते समय वैसा ही 'महातुमुल' होता है जैसा युद्ध के दरम्यान होता था। वे भागीरथी के जल पर चलकर आते दिखते हैं। लौटने वाले 'सभी वैसे ही दीप्त/ जैसे वे कुरुक्षेत्र में वीरगति प्राप्ति से पहले थे'; बस 'उनकी पलकें नहीं झपकती थीं छायाएँ नहीं पड़ती थीं/ नेत्र स्थिर थे उनके'। जीवितों और दिवंगतों की मुलाक़ात के इन क्षणों में अद्‌भुत घटनाएँ होती हैं—भीष्म और द्रोण धृतराष्ट्र को गले लगाते हैं,

द्रौपदी अपने एकमात्र ज्येष्ठ कर्ण के पैर छूती है जो उसका पति हो सकता था और इसी आधी रात में कुन्ती कर्ण को 'बेटा' कहती है। दुःशासन भीम से मज़ाक़ करता है। सारे कौरव अपने माँ-बाप—धृतराष्ट्र और गान्धारी—और पत्नियों—दरअसल विधवाओं—के सामने आकर खड़े हैं। बहुत से परिजन भी इस असम्भव दृश्य को देख रहे हैं। व्यास के आमन्त्रण के अलावा पांचाल, केकय, निषाद, विशाल, चोल, पाण्ड्य, भोज, शक आदि वंशों की बहुत-सी मृतात्माएँ बिनबुलाये चली आयी हैं। इस पर कवि का कहना है कि 'जब मृतात्माएँ लौटने का विवश संकल्प कर ही लेती हैं/तो वे कोई अवरोध नहीं जानतीं'।

हमने विष्णु खरे के 'सेंस ऑफ़ फ़ैक्ट' की बात की थी। यों तो यह पूरी कविता ही तथ्यों और तफ़सीलों के ताने-बाने से बुनी गयी है, लेकिन उसका सघनतम दृश्य—उसकी सबसे वज़नदार और ऊँची जगह—तब सामने आती है जब अभिमन्यु अपनी पत्नी उत्तरा और पुत्र परीक्षित से मिलता है। मृतकों की उम्र तो मरने के पल ही थम गयी थी, लेकिन जो जीवित हैं, उनकी उम्र तो बढ़ेगी ही। इस विचित्र किन्तु यथार्थसम्मत समीकरण के मुताबिक़ मिलन की उस वेला में अभिमन्यु सोलह साल का है तो उसका बेटा परीक्षित भी उसी उम्र का है, जबकि उत्तरा—दोगुनी—बत्तीस बरस की हो चुकी है और अभिमन्यु उसके बालों की सफ़ेदी—कविता के शब्दों में 'केशों के कुछ रजत तार' देखकर ठिठक जाता है।

इन योद्धाओं की मृत्यु के समय जो बच्चे थे, वे अब जवान हो चुके थे और इस मिलन में कोई बहुत मन नहीं लगा पा रहे थे। अधिकांश स्त्रियों ने वैधव्य स्वीकार किया था, लेकिन कुछ ने पुनर्विवाह भी कर लिया था। वे अपने 'नये पतियों पुत्र-पुत्रियों पौत्र-पौत्रियों' को 'अन्यमनस्कता अरुचि' के बावजूद साथ लेकर आयी थीं।

युद्ध की भीषणता और महाविनाश से उपजी करुणा की ऐसी गझिन और तथ्यसम्मत तफ़सील उस शिल्प का हासिल है, जिसे एक लम्बे दौर में सफलता-असफलता की परवाह किये बग़ैर विष्णु खरे ने यथार्थ और कल्पना के यथार्थ के अद्भुत संश्लेषण से बनाया है। शमशेर याद आते हैं—'कवि घँघोल देता है व्यक्तियों के जल/हिलामिला देता कई दर्पनों के जल'।

लेकिन संश्लेषण से किसी चमत्कार या टुकड़ा-टुकड़ा सुन्दरता की कमाई करना कवि का मक़सद नहीं है, बल्कि वह वास्तविकता की तहों को समझने के एक औज़ार की तरह बरता गया है।

कविता में वे सारे मृतक अन्ततः वहीं लौट जाते हैं, जहाँ से आये थे—हमारे लिए यह सवाल छोड़ते हुए कि क्या 'वह मृत्यु जीवन थी या वह जीवन मृत्यु था'? 'किसी ने कोई प्रश्न नहीं किया किसी ने नहीं दिया उद्‌बोध'।

शायद विष्णु खरे को गीता के 'निष्काम कर्म' की अवधारणा को भी प्रश्नांकित करना था, क्योंकि तमाम परिष्कार के बावजूद वह हमें निष्काम होकर युद्ध ही करना तो सिखाती है। गीता अन्ततः युद्ध की ताईद करती है और कविता उसका विरोध। शायद युद्ध निष्काम हो भी नहीं सकता। इस कविता के अन्त में विष्णु खरे मृतकों की ओर से बोलते हुए 'निष्काम कर्म' जैसे भारीभरकम, स्थिर और स्थापित पदबन्ध में से युद्ध की ध्वनि को निकालकर उसमें मानो खोयी हुई करुणा की प्रतिष्ठा करने की कोशिश करते हैं :

'वे न आये थे न आना चाहते थे
मात्र इस एक रात्रि के आख्यान के लिए
उन्होंने स्वयं को दुबारा रच लेने दिया था
महाभारत-प्रणेता की मर्यादा की रक्षा हेतु
अन्यथा यह कर्म निष्काम था'

वे लौटे

भागीरथी में रात्रि के प्रथम प्रहर
कटि तक खड़े हुए व्यास द्वारा आहूत

वह महातुमुल हुआ
जो सोलह वर्ष पहले दोनों सेनाओं के सम्मुख होने पर उठा था

जहाँ गंगा का दूसरा छोर मिलता था
अब अदृष्ट क्षितिज से

वे प्रकट हुए जल के बीच से आते हुए
किन्तु आर्द्र नहीं हुए
भीष्म द्रोण विराट द्रुपद पाँचों पुत्र द्रौपदी के अभिमन्यु घटोत्कच
कर्ण दुर्योधन शकुनि दुःशासन जरासन्ध कुमार सहदेव
भगदत्त जरासन्ध भूरिश्रवा शल्य वृषसेन धृष्टद्युम्न शिखण्डी
धृष्टकेतु अलायुध बाह्लीक सोमदत्त चेकितान जयत्सेन
पांड्यराज हिडिम्ब सात्यकि के दस पुत्र सुदक्षिण
विन्द अनुविन्द समस्त बन्धु-बान्धवों सहित
कौरवों की ग्यारह पाण्डवों की सात अक्षौहिणियाँ

सभी वैसे ही दीप्त
जैसे वे कुरुक्षेत्र में वीरगति प्राप्त से पहले थे
वही वेश वही ध्वजाएँ वही वाहन
उनकी पलकें नहीं झपकती थीं छायाएँ नहीं पड़ती थीं
नेत्र स्थिर थे उनके
जब वे बोलते थे तो लगता था कि निर्विकार कहीं सुदूर से

भीष्म और द्रोण ने गले लगाया धृतराष्ट्र को
सतत प्रश्नाकुल युधिष्ठिर फिर पूछना चाहते थे दोनों से कुछ
किन्तु यह अवसर न था

यह वेला थी
जीवितों की दिवंगतों से भेंट की
एकपक्षीय उपालम्भ शोक हर्ष की

पुनः विलाप उठना चाहिए था
किन्तु सब समझ चुके थे उसकी व्यर्थता
जो परस्पर हत्याएँ कर मृत्यु को प्राप्त हुए थे
वे अपनी शत्रुताएँ कभी की भूल चुके थे
कर्ण देखता रहा अपने वधिक भ्राता अर्जुन को
द्रौपदी आयी अपने उस एकमात्र ज्येष्ठ के पैर छूने

जो उसका पति नहीं हो पाया था
कुन्ती ने सूर्यपुत्र को इस अर्धरात्रि में अपना बेटा कहा
दुःशासन ने किया परिहास भीम से
देखता हूँ मानव-रक्त पीकर भी तुम्हारी मूँछें नहीं आयीं

युयुत्सु सहित सारे पुत्र खड़े हो गये चित्रवत्
धृतराष्ट्र-गान्धारी के समक्ष
उन्हें भी इस रात्रि के लिए व्यास ने दे दी थी दिव्यदृष्टि
यह मैं हूँ यह मैं हूँ कहते हुए
उनकी विधवाएँ उन्हें तकती रहीं अपलक
दुःशला अपने सौ भ्राताओं और पति जयद्रथ को देखती रोती रही
युयुत्सु अभी भी विलग खड़ा रहा हाथ जोड़े
सभी ने पूछा कृष्ण नहीं हैं
किन्तु वे द्वारिका में तत्पर हो रहे थे किसी और दृश्य के लिए
जिसमें मृतक नहीं मृत्यु आयेगी
सरिता से नहीं सागर से

अभिमन्यु ठिठका रहा
उत्तरा के केशों में कुछ रजत तार देखता हुआ
साथ में था परीक्षित अब अपने पिता की आयु का
सोलह वर्ष का पिता और सोलह वर्ष का पुत्र
देखते रहे एक-दूसरे को अपने से दुगुनी आयु की भार्या-माँ के साथ
व्यास का वचन था
कि वे केवल कौरव और पाण्डव वंशों
तथा उनकी विधवाओं का समागम करवाएँगे दिवंगतों से
किन्तु उन्होंने कल्पना न की थी
कि यदि मात्र कुरुवंशियों का आह्वान करेंगे
तो पांचाल केकय निषाद विशाल चोल पाण्ड्य
भोज शक म्लेच्छ यवन गान्धरादिक सभी वीर भी उनके साथ चले आयेंगे

जब मृतात्माएँ लौटने का विवश संकल्प कर ही लेती हैं
तो वे कोई अवरोध नहीं जानतीं
किन्तु इन अनाहूतों के स्वजन-परिजन विधवाएँ
यहाँ गंगा-तट पर नहीं चतुर्दिक सुदूर थे
अतएव वे इस सीमित माया और लीला के
मात्र कुतूहलमय दर्शक रहे
कि उन्होंने किनके लिए युद्ध में वीर-गति का वरण किया था
पर-यथार्थ देखते हुए
उन्हें स्व-कल्पना से कैसे रोका जा सकता था
जबकि यदि वह कुछ था तो अर्ध-यथार्थ ही था
व्यास-लीलाओं व्यास-मायाओं व्यास-विद्याओं का कोई अन्त न था
सोलह वर्ष बीत चुके थे
उन अठारह दिनों के पश्चात्

जो उस समय बाल्यावस्था में थे उन पर अब यौवन था
उन्हें अपने मृतकों की बहुत स्मृति नहीं थी न परायों का ज्ञान
न वे कुतूहलमय थे
उनकी आकांक्षाएँ और स्वप्न अलग थे
इस दृश्यभ्रम से जाना चाहते थे वे

जो प्रकटे थे वे अपनी मृत्यु के क्षण जैसे ही थे
जबकि उनकी पत्नियाँ गतार्तव हो चुकी थीं
कहते हैं अधिकांश ने वैधव्य-धर्म निबाहा
किन्तु कुछ ने विवाह किया कुछ ने प्रणय
कई लायी थीं अपने साथ अपने नये पतियों पुत्र-पुत्रियों पौत्र-पौत्रियों को
अलग-अलग लालसा भय औत्सुक्य अन्यमनस्कता अरुचि सहित

क्या हो चुके थे मृत क्या हो गये थे जीवित
अर्थ बदल गये दिवंगत और सजीव होने के

वह मृत्यु जीवन थी या वह जीवन मृत्यु था
कोई अन्तर था भी मृतक और सप्राण होने में
क्या था वरेण्य यह जीवन या वह मृत्यु
किसी ने कोई प्रश्न नहीं किया किसी ने नहीं दिया उद्‌बोध
जो था समक्ष था
कोई विप्रलम्भ उपालम्भ नहीं थे
मृत पुरुषों और जीवित स्त्रियों के बीच
वह भ्रम था आलिंगन चुम्बन सहवास का
क्या होता है सम्भोग विधवाएँ भूल चुकी थीं
पुरुष जिसे निष्पादित कर रहे थे यन्त्रवत

ब्राह्ममुहूर्त पर टूटना ही था व्यास के इन्द्रजाल को
कोई रुकना नहीं चाहता था इहलोक में
वैसे भी सभी के कलेवरों का हो चुका था कुरुक्षेत्र में दाह-संस्कार
किसी ने भी मुड़कर नहीं देखा
दुर्लक्षित किया दुबारा अन्तिम विलाप को
नहीं रोका उन विधवाओं को जो
उनके पीछे दौड़ती हुई गंगा में अब सती हुईं
उनके लिए यह सब एक औपचारिक कर्मकाण्ड हो चुका था
वे न आये थे न आना चाहते थे
मात्र इस एक रात्रि के आख्यान के लिए
उन्होंने स्वयं को दोबारा रच लेने दिया था
महाभारत-प्रणेता की मर्यादा की रक्षा हेतु
अन्यथा यह कर्म निष्काम था

वे लौटे।

तैंतीस

विष्णु खरे लौटना चाहते थे। दिल्ली और मुम्बई में ज़िन्दगी का लम्बा वक़्त गुज़ारने के बाद कुछ समय के लिए वह छिन्दवाड़ा लौट भी गये थे। लगभग चालीस वर्षों के लम्बे अन्तराल में उन्होंने 'लौटना' शीर्षक से दो कविताएँ लिखी हैं—'यह जानते हुए कि लौटना एक ग़लत शब्द है'; और 'जब हम लौटते हैं तो न हम वही होते हैं/और न रास्ते और वृक्ष और सूर्यास्त'। लौटने की आकांक्षा और लौटने की व्यर्थता—ये दो विरोधी तत्त्व रह-रहकर एक-दूसरे से टकराते हैं और कविता की आग बनती है। याद कीजिए, निराला के राम के पास दो मन थे—'वह एक और मन रहा राम का जो न थका'। आगे चलकर नयी कविता ने इस आत्मसजगता को कविता के औज़ारों में स्थायी कर लिया और अब, इन दो 'मनों' की मौजूदगी के बग़ैर समकालीन कविता लिखी ही नहीं जा सकती।

लेकिन इस हिसाब से लौटने की आकांक्षा एक अधूरी शै है जो लौटने की व्यर्थता के ज़िक्र के बिना काव्यानुभूति के मेयार पर उत्तीर्ण ही नहीं होती। विष्णु खरे को यह बात पता थी—फिर भी वह लौटते थे—कई बार लौटने की व्यर्थता की शिकायत किये बग़ैर—बचपन में, जगहों में, पशु-पक्षियों के पास, संगीत, माँ-पिता और बुआओं के जीवन और मृत्यु में—कुल मिलाकर स्मृति में। स्मृति विष्णु खरे की कविता की सबसे ज़रूरी चीज़ों में से एक है। स्मृति के ज़रिये वह समय के साथ खेल खेलते हैं, लेकिन उनकी कविता में इस खेल को देखने से पहले कुछ बातों पर ग़ौर कर लेना ज़रूरी है।

अगर अतीत कभी वर्तमान था तो यह तय है कि वर्तमान भी कभी अतीत हो जायेगा। ठीक इस पल हममें से होकर गुज़र रहा समय भी पहले

अतीत, फिर स्मृति बन जाने वाला है। इस धारणा को भविष्य पर फैलाकर सोचें—हमारा वर्तमान हमारे भविष्य की स्मृति है। आज हम नदी किनारे टहले, सड़क पर पुलिसवाले की डाँट खायी, चीनी और चायपट्टी ख़रीदने पड़ोस की दुकान तक गये—ये बातें महीने-सालभर—बाद के भविष्य में हम तक लौटेंगी तो स्मृति बनकर—यानी वही बात—कि एक स्तर पर हमारा वर्तमान हमारे भविष्य की स्मृति है। यहाँ तक तो बात ठीक है और समझ में भी आती है, लेकिन विष्णु खरे एक क़दम और आगे बढ़ते हैं। वर्तमान की जिस स्मृति का अनुभव हमें भविष्य में होना है—किसी नजूमी की तरह—जीवन की निपट असाधारणता के एक कौंधते हुए क्षण में अचानक—वह उसका अनुभव आज ही कर लेते हैं। जो बाद में होना है, वह पहले हो जाता है।

हम लोगों के साथ भी ऐसा होता है कि किसी ख़ास क्षण—अकेले या लोगों के बीच—दिन या रात में—धूप, बारिश या सितारों से भरी रात में—सड़क या बाथरूम में—लगता है कि ऐसा पहले भी हो चुका है—तब यही तो हुआ था। हम याद करते हैं जैसे पानी को मुट्ठियों में बन्द करने की कोशिश करते हैं। कुछ याद नहीं आता। मुट्ठी ख़ाली की ख़ाली ही रहती है। याद हमारे हाथ-भर गीले करके चली जाती है।

यह क्या है? चमत्कार? सम्भ्रम? सचाई? कुछ नहीं? कुछ? या वाक़ई भविष्य की स्मृति? जो भी हो, यह कविता तो नहीं ही है—जिस अनुभव से दूसरों को 'कन्विंस' न किया जा सके, वह कैसे कविता हो सकती है? जिस आईने में दूसरे अपना चेहरा न देख सकें, वह काहे का आईना? यह अनुभव वैसा ही धुँधला, ब्लर्ड, टूटा हुआ आईना है, जिसमें अपना अक्स देखने के लिए धुँधलकों, धब्बों और टूट के बीच थोड़ी-सी जगह खोजनी पड़ती है।

विष्णु खरे ने इन अनुभवों के आसपास दो कविताएँ लिखी हैं—'अव्यक्त' और 'अर्थ'। बातचीत में इन कविता के पीछे के अनुभवों को वह 'कोमल और निरीह' कहा करते थे। साथ ही, व्यंग्यपूर्वक यह भी जोड़ते थे कि जैसे जीवन में, वैसे ही कविता में भी ऐसी चीज़ों की उपेक्षा करनी चाहिए।

लेकिन उनकी कविताएँ गवाह हैं, उन्होंने ऐसे अनुभवों को कभी छोड़ा नहीं—उनके खाते में जितनी प्रगल्भ कविताएँ हैं, उससे कम ऐसी 'न कुछ'

की बोली बोलने वाली कविताएँ नहीं हैं। असल में, उन्होंने लोकप्रियता की परवाह नहीं की। अपने ही अन्दाज़ में वह कहते भी थे—'एक दिन मैं सिर्फ़ एक आदमी के लिए कविता लिखूँगा।'

अव्यक्त

एक दिन यह हुआ
(मैं इसके लिए कोई कारण नहीं दे सकता)
कि दोपहर की छुट्टी के बाद स्कूल न लौटकर
मैं म्युनिसपैल्टी की इमारत की ऊँची दीवार से घिरे
असार्वजनिक बगीचे की एक बेंच पर बैठा रहा—पिता के तबादले ने
यह अभूतपूर्व सुविधा मुझे हाल ही में दी थी—
मेरी पीठ की ओर शोर था इतवारी बाज़ार का जो बृहस्पति को भी वहीं लगता था
और सामने से हर चालीस मिनट बाद स्कूल के घण्टे की आवाज़ आती थी
इस एहसास के साथ कि वहाँ दसवीं 'अ' में सब बैठे होंगे
सामने की बेंच पर मेरे दोस्त मदन और निर्मल, रमेश भाटे और सुरेन्द्र
और दायीं ओर लड़कियों की बेंच पर सिन्धी देविका और पंजाबी रमेश कुमारी
छह फ़ुट से भी ज़्यादा लम्बे ए. पी. श्रीवास्तव लोअर मैथमैटिक्स पढ़ाकर निकले होंगे
और अब पूरी कक्षा उठकर अपने ही क़द के यादव मास्साब से केमिस्ट्री पढ़ने जा रही होगी
बगीचा जिसमें मैं बैठा था एकदम सूना था—
मैं उस समय भी इतना डरपोक था कि माली सरीख़ी कोई चीज़
दूर से भी नज़र आती तो मैं बेसाख़्ता स्कूल की ओर रवाना हो जाता
और जैसा मैंने कहा मेरे पास सिर्फ़ दूर से आती हुई आवाज़ें थीं
जिन्हें मैं धुँधले रूप से पहचान रहा था
मैं यह भी साफ़ कर दूँ कि मैं पूरी तरह से होशोहवास में था

और वह जगह भूत-प्रेत की अफ़वाहों से मुक्त थी
किन्तु अचानक उस क्षण और उसके बाद
वहाँ बैठे रहना मेरे लिए दूभर हो गया—एक अजीब साँसत में था मैं,
एक अव्यक्त सुखद भय से घिरता हुआ
एक ओर तो मैंने करुण रूप से महसूस किया कि चीज़ें
मेरी उपस्थिति के बिना भी बदस्तूर हो रही हैं और होती रही थीं
और दूसरी तरफ़ यह कि मैं बेख़बर था
कि जब मैं अपने विश्व में व्यस्त रहता हूँ
तो एक बृहत्तर संसार निर्लिप्त बेपरवाही से अपनी हलचल में डूबा रहता है
भयावह क्षण था वह अपने परिचित सबकुछ से कटने का
और एक अस्पृश्य विराट से जुड़ने का—
(उस समय मेरे पास ये शब्द नहीं थे जिनका यहाँ इस्तेमाल हो रहा है)
और तब मैंने सोचा पिता और बड़े भाई के बारे में
जो मुझसे और एक-दूसरे से सैकड़ों मील दूर
अपने-अपने काम पर होंगे
और छोटे भाई के बारे में भी जो उसी स्कूल की किसी निचली कक्षा में होगा
जिससे भागकर मैं यहाँ बैठा हूँ—
मैं यह नहीं कहूँगा कि वह मेरे 'दृष्टिकोण के विस्तृत होने' का क्षण था
किन्तु यह अवश्य है कि उसके बाद अपनी परिचित चीज़ों और लोगों को
उससे पहले की तरह देखना मेरे लिए कठिन हो गया
और अपने होने और सुबह, रात और ऋतुओं के बदलने में
मेरी दिलचस्पी कुछ और बढ़ने लगी
और मैं उठा
क्योंकि फिर वहाँ उस बगीचे की बेंच पर बैठने में कोई राहत नहीं थी
और स्कूल में डेस्क पर बैठने में कोई असुविधा—हाँ मैंने यह ज़रूर सोचा था
कि किसी-न-किसी को यह बात बतानी है

लेकिन बस्ता लिए हुए जब मैं वापस पहुँचा तो सातवाँ पीरियड ख़त्म
हो चुका था
और खेलने का सामान न दिये जाने की वजह से मेरे साथी लौट रहे थे
जिन्हें मुझे आते देख बहुत मज़ा आया।
फिर उस माहौल में किसी से कुछ भी कहना
बेमानी था। वे और हँसते।

चौंतीस

विष्णु खरे अख़बार की ख़बर, राजनीतिक दलों के घोषणापत्र और बातचीत वाली खड़ी बोली के वाक्य-विन्यास को कविता के दायरे में ले आये। उनकी कविता के वाक्य कविता की अभ्यस्त समझदारी से टकराकर नये क़िस्म के मूल्यों का माहौल बनाते हैं। ऐसा पहली बार उन्होंने किया हो, यह नहीं कहा जा सकता, लेकिन 'आदमियों और आदमियों की चीज़ों के सम्पर्क में आयी हुई चिड़ियों की मृत्यु मेरा विषय नहीं है' जैसा गद्यात्मक वाक्य भी कविता है, यह एहसास दिलाने वाले वह शायद पहले कवि हैं।

मुक्तिबोध से पहले हिन्दी की बहसों में बाहरी वस्तु को ही वस्तु माना जाता रहा है, लेकिन मुक्तिबोध ने मन के तत्त्व को भी वस्तु की तरह स्थापित किया और ज़ोर देकर कहा कि लेखक का आत्म दरअसल आभ्यन्तरीकृत विश्व ही है। ऐसे विश्व को—जो अपना ही है—अपने मन का तत्त्व—कविता में ले आने के लिए तादात्म्य नहीं, तटस्थता की ज़रूरत है। विष्णु खरे तादात्म्य की बजाय तटस्थता की राह पर चले और कविता के भीतर की जगहों को हर बार अधिकाधिक वस्तुनिष्ठ बनाने की कोशिश की। साधारण जीवन के परिचित बिम्बों और निम्नमध्यवर्गीय बनक वाली भाषा का रघुवीरी आदर्श उनके पास था ही। उनकी कविता की इन दोनों शक्तियों को आप 'लालटेन जलाना' में पहचान सकते हैं, लेकिन उस पर बात अलग से होगी।

मशहूर चित्रकार जे. स्वामीनाथन को समर्पित उनकी शुरुआती कविताओं में से एक है 'कोशिश'। चिड़ियों की मृत्यु जैसे नाजुक और रहस्यमय विषय पर एकाग्र इस कविता में भी वह अपने वाक्यों के ज़रिये पाठक के प्रगीतात्मक

मनोलोक में गाँठ लगाने की कोशिश करते हैं। मंगलेश डबराल के शब्दों में यह 'मार्मिक कथ्य और वस्तुपरक भाषा के बीच का तनाव' है जो कवि ने निर्मित किया है। मंगलेश डबराल के ही शब्दों के ज़रिये कहें तो उनकी अनेक कविताएँ 'भाषा में भावना के संयम' का उदाहरण हैं।

अजीब बात यह हुई कि विष्णु खरे की मृत्यु के बाद सोशल मीडिया पर कवि को दी गयी ज़्यादातर श्रद्धांजलियों में इस कविता को पूरा या अंशतः उद्धृत किया गया। इसकी पहली और तनिक स्थूल वजह तो यह है कि सत्तर के दशक में अपने पहले प्रकाशन के बाद हासिल कीर्ति का एक चक्कर पूरा कर लेने के बाद यह इक्कीसवीं सदी के पहले दशक में तब दोबारा जी उठी जब 'हिन्दी कविता' नामक यूट्यूब चैनल के माध्यम से स्वयं कवि की आवाज़ में इसके पाठ का वीडियो कविता-प्रेमियों को उपलब्ध हो गया। जे. स्वामीनाथन ने ऑक्टोविओ पाज़, सर्वेश्वर दयाल सक्सेना, अशोक वाजपेयी और कमलेश की कविताओं के साथ विष्णु खरे की इस कविता को भी अपने किसी पुराने कैटलॉग में बहुत लगाव के साथ याद किया है।

लेकिन इस कविता को कवि की ज़िन्दगी के आख़िरी अनुच्छेद की तरह भी पढ़ा जा सकता है। मुम्बई में अपना परिवार छोड़कर 78 की उम्र में दिल्ली सरकार की हिन्दी अकादमी के उपाध्यक्ष का कार्यभार सँभालने अपने अज़ीज़ शहर वापस आना, कविता के शब्दों में, उनकी 'आख़िरी उड़ान' और ब्रेनस्ट्रोक के कुछ दिन पहले मंगलेश डबराल, असद ज़ैदी, विनोद भारद्वाज और देवीप्रसाद मिश्र का कवितापाठ उनके कार्यकाल का पहला, आख़िरी और एकमात्र आयोजन साबित हुआ। उनकी मृत्यु के कुछ दिन बाद डाक से कुँवर नारायण पर एकाग्र 'इन्द्रप्रस्थ भारती' का एक अंक आया, जिसमें कुँवरजी के आलोचनात्मक गद्य पर 'पूर्वग्रह' में प्रकाशित मेरा निबन्ध फिर से छपा हुआ था। इसकी ख़बर उन्होंने मुझे न दी थी। वह ऐसे ही चौंकाते थे।

दिल्ली में विष्णु खरे की अकेले रहते हुई मौत को सोचने पर बहुत कचोट होती है। ब्रेनस्ट्रोक के मामलों में स्ट्रोक के बाद के चार घण्टे अनमोल होते हैं। कुछ डॉक्टर उन्हें 'गोल्डेन ऑवर्स' कहते हैं। ऐसा भी माना जाता है कि इस अवधि में कुछ दवाओं के इस्तेमाल से दिमाग़ को होने वाले नुक़सान को बहुत हद तक सँभाला जा सकता है। उन चार घण्टों

के दरम्यान अगर कोई विष्णु खरे के आसपास होता तो क्या उन्हें बचाया जा सकता था? ग़ालिब की बात याद आती है—'मुझको दयार-ए-ग़ैर में मारा वतन से दूर।'

यह नहीं कि दिल्ली विष्णु खरे का वतन नहीं थी या अपने घर और परिवार के रहने की वजह से उनका वतन बाद में मुम्बई हो गयी थी; बल्कि उनके कई वतन थे—छिन्दवाड़ा, पिपरिया, बैतूल, खण्डवा, प्राग, दिल्ली, जयपुर, जर्मनी और मुम्बई—और इन शहरों और मुल्कों से छूटकर ज़िन्दगी में बिखर गये असमाप्त-अछोर विस्थापन में भी उनका वतन है। जिन जगहों पर वे नहीं रह सके, वे भी उनके साथ रहती थीं। वह फ्रैंकफुर्त से वियना। फ़ोन करके अशोक पाण्डे को मुहम्मद रफ़ी का 'हुई शाम उनका ख़्याल आ गया' अन्तरे के साथ बाक़ायदा गाकर सुना सकते थे। अपनी एक आरम्भिक कविता 'दूरबीन' के लिए वही कह सकते थे कि यह भारत नहीं, चेकोस्लोवाकिया की कविता है, क्योंकि इसमें चेकोस्लोवाकिया के एक बुजुर्ग और वहाँ की एक दुकान के ज़रिये वहीं की पस्ती और बीते समय का ज़िक्र हुआ है।

दरअसल कोई एक जगह उन्हें अपना नहीं पायी और वह किसी एक जगह के हो न सके। जड़ों की ओर लौटना बेशक उन्हें अच्छा लगता था और वह कहते थे कि उनके परिवार की जड़ें छिन्दवाड़ा में हैं। वह जड़ों में भी और गहरे उतरना चाहते थे। चार पीढ़ियों से ऊपर उन्हें अपने पुरखों का नाम नहीं पता था। यह बात उन्हें बेचैन करती थी। मुझसे वह बनारस के विश्वनाथ मन्दिर के पण्डों की बही में अपने परदादा का नाम बताकर उनके पूर्वजों के बारे में पूछने के लिए कहते थे। आख़िरी सालों में उन्होंने छिन्दवाड़ा में बस जाने की कोशिश की, लेकिन ढलती सेहत के कारण उन्हें मुम्बई लौटना पड़ा। इस दौर के छिन्दवाड़ा के मुलाक़ाती बताते हैं कि एक कमरा किराये पर लेकर वह किसी साधक की तरह वहाँ रह रहे थे, लेकिन मैं यह भी अनुमान लगाता हूँ कि वह उस छिन्दवाड़ा में ज़रूर अपना छिन्दवाड़ा खोजते होंगे, जो न मिलता होगा।

विष्णु खरे के कवि-व्यक्तित्व में समय की कई तहें हैं और वह उनमें कोई सामंजस्य नहीं बिठाते। दुनियावी समयों से अलग,

खुद उनका एक निजी समय है जिसमें वह बार-बार लौटते हैं। यों, विष्णु खरे जगहों के साथ-साथ समयों के भी यात्री हैं—वह खुद को 'टाइम ट्रेवेलर' कहते भी थे। छिन्दवाड़ा लौटना, उनके लिए, अतीत में लौटना भी है।

'अतीतजीवी होना शायद श्रेयस्कर नहीं, अतीतमोह सम्भव है एक दुर्बलता, एक रोग हो, लेकिन अतीत-राग को 'नौस्टेल्जिया' का नाम देकर उसे एक लज्जास्पद चीज़ सिद्ध करने की कोशिश की जाती रही है। किन्तु वह क्या है, जो 'स्मृति' को वांछनीय बनाता है और 'नौस्टेल्जिया' को वर्जनीय? वह बारीक़ सीमा-रेखा क्या और कहाँ है? अतीत-राग को तुमने हमेशा एक लांछित अवधारणा समझा है, इसलिए हमेशा उसका पक्ष लिया है।'

(विष्णु खरे, 'वह', 'तुम' और 'हम' तथा 'उनका' समय)

पैंतीस

सर्दियों के दिन थे। विष्णु खरे एक आयोजन में मुख्य अतिथि बनकर आने वाले थे। दूसरे लोगों के साथ मैं भी उनका इन्तज़ार कर रहा था। वह आये और कार से उतरे। लेकिन यह क्या? काला प्रिंस सूट और सर पर काली रोएँदार टोपी। मैंने उन्हें हमेशा जीन्स या कॉटन की शर्ट्स और वैसी ही पैंट में देखा था, सो कुछ विस्मित हो गया। सभाकक्ष की ओर बढ़ते हुए जब मुझसे रहा नहीं गया तो उनके कान में मैंने कह ही दिया—'इन कपड़ों में आप बिल्कुल मेघालय के राज्यपाल लग रहे हैं।' वे हँसे और बोले—'आयोजकों और श्रोताओं-दर्शकों को भी लगना चाहिए कि जिसे वे देख-सुन रहे हैं, वह मुख्य अतिथि ही है, कोई और नहीं।'

फिर अपने ही अन्दाज़ में एक बात और कही—'इस देश में कपड़े, जूते और कार की बड़ी इज़्ज़त है।'

छत्तीस

विष्णु खरे के पास किसी भी तजुर्बे को कविता में बदल देने का कौशल है, जो आहिस्ता-आहिस्ता उनके पास आया है। अपना यह अन्दाज़ उन्हें उपहार, विरासत या खेल-खेल में या बहुत जल्दी नहीं मिल गया। आज जिन चीज़ों को विष्णु खरे की कविता की ख़ासियतें मान लेने में कोई संशय नहीं है, वे बीज की तरह ज़रूर उनकी शुरुआती कविताओं में थीं, लेकिन पैंतीस वर्षों के अन्तराल में धीरे-धीरे खिली और अपना समय लेकर ज़ाहिर हुई हैं। इसलिए उनकी सबसे अच्छी कविताओं में भी अपने खोजे हुए शिल्प को बरत लेने का कोई किशोर उत्साह नहीं, अन्तर्वस्तु के लिए ज़िम्मेदारी और निर्मम आत्मसजगता ही दिखायी देती है। अच्छी कविता की एक पहचान यह भी है कि उसकी विषयवस्तु सीधे-सीधे बताई जा सके। विष्णु खरे की अमूर्त और बहुत सारी वास्तविकताओं को एक साथ सम्बोधित कविताओं में भी यह गुण है। आप बता सकते हैं कि वे किस मुद्दे पर लिखी गयी हैं। यों, कौशल का बेजा इस्तेमाल करने की कमज़ोर हरकत उनके यहाँ कम-से-कम है।

अस्तित्व के शाश्वत सवालों से उलझने की आदत लगातार उनकी कविता का दरवाज़ा खटखटाती है। ये मुद्दा उनके यहाँ समय-समय पर आता रहता है। वे बेटियों के बाप हैं। बाप और बेटी के रिश्ते के इर्दगिर्द उन्होंने यादगार कविताएँ लिखी हैं। क्लैसिकल गायकी का एक जानामाना सिद्धान्त है कि जो गायक मन्द्र सप्तक पर, नीचे के सुरों में जितना गहन अभ्यास करता है, ऊपर के सुर वही अधिकार और आत्मविश्वास के साथ लगा पाता है। विष्णु खरे ने एक लगभग नामुमकिन शिद्दत से माँ और दो बुआओं को याद

करते रहने का रियाज़ किया है तो उनकी कविताओं में आने वाली बेटियाँ भी प्यार और लगाव के उसी अनुभव से स्निग्ध हैं। कभी-कभी वह बेटियों को माँ और बुआओं के पुनरागमन की तरह भी देखते हैं। एक ज़माने में मुक्तिबोध ने संयुक्त परिवारों के विघटन को आज़ाद भारत की सबसे बड़ी सांस्कृतिक दुर्घटना माना था। विष्णु खरे इस दुर्घटना के गवाह हैं, लेकिन इस टूट को पलट भी देना चाहते हैं। जो हो चुका है—जिसे बदला नहीं जा सकता—विष्णु खरे उसको बदल देने की और अनहुआ कर देने की कविता लिखते हैं। अगर यह अन्तर्विरोध है तो विष्णु खरे ने शक्ति की तरह इसको बरता है। उनका परिवार इस सिलसिले में उनकी कविता की 'ड्राइविंग फोर्स' है। माँ, बुआएँ, पिता, दादा राख, पानी और बालू में से निकलकर बार-बार उनकी कविता के घर में लौटते हैं। दो भाइयों, पत्नी और तीन सन्तानों और बृहत्तर कुटुम्ब के नेह से वह घर आबाद रहता ही है। विष्णु खरे जैसा टफ़ इन्सान बिला शक एक टफ़ बेटा, टफ़ भाई, टफ़ पति और टफ़ पिता रहा होगा; लेकिन सम्बन्धों की टफ़नेस से प्यार की सघनता पर कोई असर नहीं पड़ता—वह रिश्तों की सचाई का तत्त्व है।

विष्णु खरे का रास्ता दूरी, सख़्ती, तटस्थता, आत्मनिर्ममता और वस्तुनिष्ठता का है। उन्होंने अपनी मौलिकता इन्हीं तत्त्वों से अर्जित की है। यही मुश्किल है और ख़ूबसूरती भी यही है। वह प्यार भी इसी रास्ते से गुज़रकर कर सकते हैं।

सैंतीस

विष्णु खरे के साथ घटिया या अश्लील-अर्द्धअश्लील बातचीत सम्भव न थी। वह बेहूदगी भी क़तई बर्दाश्त नहीं कर सकते थे। धौलधप्पा, ज़िन्दगी का बुलबुला जोश और उचक्का मिज़ाज उन्हें पसन्द नहीं था। जीना उनके लिए एक गम्भीर और ज़िम्मेदार काम था; हालाँकि कौतुक और रहस्य के लिए उनके पास बहुत जगह थी।

विष्णु खरे के पास दुनिया-जहान की चीज़ों के बारे में तमाम जानकारियाँ थीं। इन जानकारियों का बहुत रचनात्मक निवेश उन्होंने कविता में किया है लेकिन हर बार वह सफल हो गये हों, ऐसा भी नहीं है। कभी-कभी ज्ञान और आत्मविश्वास के दबाव से उनकी कविता में ग़ैरज़रूरी-ग़ैरकलात्मक विस्तार भी आया है। ऐसी सूरत कविता लिखने के ज़ोख़िमों में शामिल है। उन जैसे सावधान कवि को यह बात मालूम ही होगी; फिर भी कविता उनके यहाँ कुछ मौक़ों पर परास्त हुई है। यह और बात है कि इन पराजयों ने विजय को उत्तेजक ही बनाया है।

विष्णु खरे 'हाइपर करैक्टनेस' की घेरेबन्दी के बाहर भी जाते थे। उनकी कविता अपने लिए ज़्यादा जगह, ज़्यादा ऑक्सीजन, 'प्रोएक्टिव' संवेदन और ज़्यादा लगाव की माँग करती है। इसलिए वह अन्तर्वस्तु को दूर तक फैलाते हैं। जोखिम यहीं से शुरू होता है। शिल्प का यत्किंचित दोहराव, नैतिक ज़िद और ज़रूरतमन्द नज़रिये की छायाएँ कला पर पड़ने लगती हैं।

लेकिन फिर भी, अगर कविता को जाँचने के फेर में, उस पर मूल्यनिर्णय देने की उतावली में न पड़ा जाय तो कवि और कविता-प्रेमी उनकी असफलताओं से भी बहुत कुछ जान और सीख सकते हैं।

'हर शहर में एक बदनाम औरत होती है' उनकी ऐसी ही एक कविता है, जिसकी असफलता भी यादगार है। उस कविता में चालू मर्द निगाह से एक तथाकथित बदनाम औरत को अधिकतम सम्भव फ्रेम्स में देखने की कोशिश की गयी। कवि उठता-गिरता रहता है और बयान पाठक की नैतिकता और दृष्टि की परीक्षा लेता हुआ आगे बढ़ता है। यथार्थ संगीन है और विष्णु खरे उसकी नसों को भी पहचान लेना चाहते हैं।

एक बार वह कविता सुनने का अवसर मिला। कवितापाठ के दरम्यान वह मुझे कहीं बहुत मानीखेज़ और करुण, तो कहीं कुछ कठोर और बेईमान यथास्थिति की वक़ालत करती नज़र आयी। मैं कविता को भूल गया और बदनाम औरत याद रह गयी।

रसरंजन के एक सत्र में कुछ ज़्यादा पी चुकने के बाद मैं विष्णुजी से उस औरत के बारे में पूछने लगा—वह कहाँ की है, फ़िलहाल कहाँ है, आपसे कब, कहाँ और कैसे मिली, आदि। उन्होंने तब मुझे डाँटकर भगा क्यों नहीं दिया, आज तक यह बात मेरे लिए आश्चर्य है। हालाँकि वह हाँ-हूँ में ही उत्तर देते रहे और ज़्यादातर बातें टाल गये, लेकिन मैं भी अपनी ज़िद—उसे एक कमज़ोर हवस कहना ज़्यादा ठीक होगा—में न जाने क्या जान लेने के लिए उनसे कुछ-कुछ पूछता जा रहा था।

उस औरत की जासूसी हो, वह इस बात के लिए बिल्कुल राजी न थे। उन्होंने कहा—'वह औरत अब बदनाम नहीं है। उसके बच्चे बड़े हो गये हैं और अपने अन्दाज़ में वह सम्भ्रान्तता का जीवन जी रही है। मैं जो नहीं कह सकता, नहीं कहना चाहता, उसे तुम मुझसे कहलवा नहीं पाओगे। खुद को चूतिया न बनाओ व्योमेश।'

अब तो ख़ैर हरदम यह लगता है कि मैंने उन्हें कितना कम जाना, लेकिन उस दिन नींद और नशे से भारी सिर में उनकी नैतिकता का नक़्शा किसी धातु की लकीर से खिंच गया था, मानो।

अड़तीस

विष्णु खरे का रवैया। वह सही होने की हरसम्भव कोशिश करते थे, लेकिन हमेशा के लिए एकदम सही हो जाने और मान लिए जाने की बेचैनी मैंने उनमें कभी नहीं देखी। उनकी एक कविता में एक शब्द आया है 'आधिकारिक'। हिन्दी में यही इसका सही रूप है, लेकिन मैंने ग़ौर किया कि कविता-पाठ में उन्होंने उसे 'अधिकारिक' पढ़ा। मुझे लगा कि मुमकिन है मैंने ग़लत सुन लिया हो। कविता-पाठ के बाद मैंने उनके संग्रह में वह वाक्य खोजकर पढ़ा। लिखा भी 'अधिकारिक' था। मैंने उन्हें याद दिलाया कि यह ग़लत है।

उन्होंने अपनी ग़लती के पक्ष में बहुत ख़ूबसूरत कवयोचित बात कही—'आधिकारिक' मुझे 'हाइपर करेक्ट' लगता है।

उनतालीस

विष्णु खरे अनिवार्य थे। कविता ने उन्हें अनिवार्य बनाया था। हिन्दी कवियों की एकाधिक पीढ़ियों ने और बातों के साथ यह सोचकर भी कविता लिखी है कि विष्णु खरे इसे पढ़ेंगे। असद ज़ैदी कहते हैं—'हम जब कविता या कहानी लिखते हैं तो ऐसे कुछ ज़रूरी चेहरे दिमाग़ में रहते हैं जिनके बारे में या तो हमें यक़ीन होता है कि वे हमारे लिखे को पढ़ेंगे या कुछ चिन्ता होती है कि वे अगर पढ़ेंगे तो क्या कहेंगे। कहीं किसी जगह एक आदमी नज़र रखे हुए है। विष्णु खरे न सिर्फ़ मेरी पीढ़ी के बहुत से कवि-लेखकों के लिए, बल्कि हिन्दी में सक्रिय बहुत सारे दूसरे लोगों के लिए भी, ऐसा ही एक ज़रूरी चेहरा थे। वह कभी हमारे ख़यालों से दूर न रहे। उनका जाना एक ज़रूरी आदमी का जाना और एक दुखद ख़ालीपन का आना है। मेरी पीढ़ी ने एक आधुनिक दिमाग़, तेज़ नज़र काव्य-पारखी, आलोचक, दोस्त, स्थायी रक़ीब और नयी पीढ़ी ने अपना एक गुस्सेवर लेकिन ममतालु सरपरस्त खो दिया है। इस रूप में वह हमारे सबसे क़ीमती समकालीन थे।'

ठीक है कि विष्णु खरे सबसे पहले तेज़तर्रार और नाराज़ आलोचक की तरह पहचाने गये। अपने ईमान, सरोकारों, जेहनियत के साथ-साथ दिलचस्प और विवादास्पद अन्तर्विरोधों के दम पर उन्होंने यह ओहदा ताउम्र क़ायम रखा, लेकिन मेरा मानना है कि उनके बड़प्पन के पीछे कविता ही है। बाक़ी बातों ने तो महानता का कठिन रास्ता अवरुद्ध ही किया। सत्तर के दशक की शुरुआत से लगभग अन्त तक उनकी कविता साहित्य-संसार की सत्तात्मक सर्वानुमति, कॉमनसेंस और वर्चस्वशाली आचार-संहिता का प्रतिपक्ष मानी गयी है। मनुष्य चेतना के विभिन्न स्तरों पर एक साथ सक्रिय

और गतिमान रहता है और ज़्यादातर काम हम लोग बहुत से असहमत लोगों के साथ मिलकर करते हैं। विष्णु खरे कविता के पारखी और समर्थक थे और अपनी अभिरुचि के घेरे के बाहर जाकर तमाम तरह की कविताओं पर सोचते, लिखते और बोलते रहते थे। ऐसा करते हुए वे समूह में खड़े नज़र आयें, यह हो सकता था, लेकिन समूह की ताईद की ज़रूरत उन्हें महसूस हो, यह मुमकिन नहीं था। उनके पास ग़ैरतांत्कालिक और कुछ हद तक ग़ैरराजनीतिक निजी संहिता थी, जो उनकी कविता की नियामक शक्ति थी। ऐसी सिफ़त कलाकार को अकेला करती है। कभी-कभी वह समूह और एकान्त के बीच आवाजाही करता है।

विष्णु खरे पर एक आरोप यह भी है कि वह सत्ता प्रतिष्ठान के साथ लम्बी आलोचनात्मक दूरी को लम्बे समय तक बर्दाश्त नहीं कर पाये। इस आरोप में क्या कहीं यह धारणा भी काम कर रही है कि विष्णु खरे के तौर पर प्रतिपक्ष की एक मुकम्मिल आवाज़ अन्ततः व्यवस्था में खप गयी?

ऐसे आरोप पर क्या कहा जाना चाहिए? अव्वल तो चुप भी रहा जा सकता है। मुश्किल है कि यह बिल्कुल बेसिरपैर की बात नहीं है—सिर और पैर में से कोई एक ही चीज़ इसमें कम है। इस आरोप में कुछ है, कुछ नहीं है। इस बात से इनकार नहीं कि विष्णु खरे में कुछ तो कम है। कुछ तो है जिसे रघुवीर सहाय में से घटाइये तो नतीजा आयेगा विष्णु खरे; लेकिन यह भी तय है कि व्यक्तित्व की कमी के दुनियादार आब्ज़र्वेशन पर कवि-व्यक्तित्व की सीमा का निश्चय एक तरह का अपवादवाद ही है। ऐसे फुटकर खाते हमारे यहाँ ख़ूब चलते भी हैं। चलते-चलते उड़ने भी लगते हैं।

चालीस

विष्णु खरे के अनुभव का ढाँचा हमेशा ताज़ा और मौलिक बना रहा। समय के गुज़रने और किसी ख़ास भूगोल में रहने के आदिम एहसास को उन्होंने अनूठे ढंग से सोचा और लिखा है। प्रकृति, परिवार, पड़ोस, जीने की कोशिश के बीच में आने वाले लोग और समूह, समाज की शक्ति और सीमाएँ, राजनीति, मृत्यु, खो देने की तकलीफ़ और बेहतरी के स्वप्न जैसे मुद्दे भी उनके यहाँ समय के गुज़रने और किसी भूगोल में रहने के एहसास में से छनकर दर्ज होते हैं। बचपन में ख़ुद के साथ हुए ऐसे ही अनोखे अनुभव पर एकाग्र उनकी एक कविता का नैरेटर कहता है कि 'मैंने यह ज़रूर सोचा था कि किसी-न-किसी को यह बात बतानी है।' आगे चलकर कविता में वही नैरेटर स्वीकार करता है कि फिर यह बात किसी को—कविता के मुताबिक़ 'सहपाठियों को' न बताई जा सकी, क्योंकि जो सहपाठी इसे सुनते, वे उसका मज़ाक़ उड़ाते—'फिर उस माहौल में किसी से कुछ भी कहना बेमानी था। वे और हँसते।'

विष्णु खरे ने कविता में हमेशा वही कहने की कोशिश की जो उनके बग़ैर न कहा जा पाता। इसीलिए शिल्प के मोर्चे पर नयी ज़मीन खोजने वाला उन जैसा कवि आपको हमेशा अन्तर्वस्तु की कचहरी में खड़ा मिलता है। उनकी कविता का सम्भावित पाठक—टार्गेट यूज़र—कभी भी कोई ख़ास व्यक्ति या समूह नहीं रहा। कीर्ति और व्यापक सराहना के अवसरों पर भी उन्होंने लोकप्रियता को सन्देह की नज़र से देखा। उनकी निगाह प्रूस्त, काफ्का, सैमुअल बैकेट और मुक्तिबोध जैसे लेखकों की नाउम्मीदी पर टिकी रही। उन्हें बस किसी-न-किसी को वह बात बतानी थी जो उनकी कविता में है।

कवि के रूप में विष्णु खरे के उत्थान को ध्यान से देखने पर कविता में घटित हुए समयान्तर को समझने के बहुत से सूत्र हासिल हो सकते हैं। उनका आयुष्य-क्रम देखें–वह तीस सालों की लम्बी अवधि में कछुए की तर्ज पर मन्थर-मन्थर आगे आये। किसी 'मेजर' पत्रिका में वह बहुत देर से छपे, एक कवि के तौर पर बाद में और आलोचक की तरह पहले पहचान लिए गये; 'टेबिल' और 'दोस्त' जैसी उल्लेखनीय कविताएँ उन्होंने लिखना शुरू करने के लगभग दस साल बाद लिखीं और उनका सबसे मक़बूल संग्रह 'सब की आवाज़ के पर्दे में' तो 'डेब्यू' के चौंतीस साल बाद–1994 में छपा। कविता की बदली हुई निबन्धात्मक भाषा तक भी वह यकायक नहीं पहुँचे थे–वह जीवन के बारे में एक ग़ैरभावुक और अधिकाधिक वस्तुनिष्ठ नज़रिये की एक तर्कसंगत परिणति थी जो एक लम्बी और तकलीफ़देह प्रक्रिया से गुज़रते रहने का हासिल है।

इकतालीस

विष्णु खरे निर्मम होकर बात करते थे। उनकी इस आदत ने लम्बे दौर में बहुत से लोगों को आहत किया। शायद कोई भी उनसे नहीं बच पाया। बेशक उनकी निर्ममता में कुछ पूर्वग्रह रहे होंगे, लेकिन उनका उत्स यथार्थ की समझ और निजी ईमानदारी में था, जिसमें कुछ ख़ब्त भी रहती ही थी। उनके पास आत्मनिर्मम यथार्थ-चेतना थी जिसमें अहर्निश मूल्यों का एक असमाप्त संघर्ष चलता रहता था। इस समर के निशान जीवन-व्यवहार और कविता में भी दिखायी देते थे।

'14 की सर्दियों में निरे संयोग से हम लोगों ने उनकी कुछ कविताएँ उन्हीं की आवाज़ में एक स्टूडियो में रिकॉर्ड कीं। हमारे लिए यह बहुत बड़ा अवसर था। विष्णुजी भी उस दीवानगी को तवज्जो दे रहे थे, अन्यथा वह इसके लिए तैयार ही न हुए होते। उनकी मुश्किल यह भी थी कि वह प्रशंसा और निन्दा की भावना को ज़्यादा देर तक सह नहीं सकते थे। वह हमारे काम के पक्ष में कुछ बेहतर कहना चाहते थे लेकिन मौक़ा नहीं मिल पा रहा था। लेकिन वह विष्णु खरे नहीं कोई और होगा जो कहने से चूक जाय।

उन्होंने कहा-देखो! सही काम, सही वक़्त पर, सही पीढ़ी करती है। मेरे एक कविमित्र प्रायः पाँच दशकों से धमकी देते फिर रहे हैं कि वह समकालीन हिन्दी कवियों की आवाज़ में उनकी कविताओं के ऑडियो कैसेट निकालेंगे और ठेले पर रखकर बेचेंगे। आज तक वह शुभ दिन नहीं आया। दरअसल यह काम तुम्हें ही करना था।

माफ़ी चाहता हूँ सर। उस दिशा में मुझसे भी कुछ हुआ नहीं, लेकिन कोशिश करूँगा।

धर्मनिरपेक्षता भारतीय कविता का सबसे बड़ा हासिल है

विष्णु खरे से बातचीत

कवि, आलोचक, अनुवादक, पत्रकार और फ़िल्म-अध्येता विष्णु खरे शुरू से अन्त तक हिन्दी को असहज करते रहे। उनकी निर्भीक, तीखी और कुछ आगे की बातें लोगों को उलझन और तकलीफ़ में डालती रहीं। फिर भी, इस दुनिया ने उन्हें बहुत प्यार किया। उन्होंने भी इस दुनिया को बहुत प्यार किया। उनका गुस्सा रमते जोगी की फटकार जैसा था, जो हिन्दी की कृतज्ञ-कृतघ्न बिरादरी पर आशीर्वाद और शाप की तरह गुज़रा। साहित्य-संसार ने अनोखे ढंग से उन्हें बर्दाश्त किया और वह भी इसे सह गये। इस अनमोल पारस्परिकता का उन्नीस सितम्बर '18 को पटाक्षेप हो गया जब उनके शरीर ने नयी दिल्ली के जी.बी. पन्त अस्पताल के सघन चिकित्सा कक्ष में अन्तिम साँसें लीं। इस मृत्यु पर सोशल नेटवर्क पर मची गहमागहमी के बाद यह भी तय हो गया कि उनकी कविता और आलोचना का खाता जल्दी बन्द होने वाला नहीं है।

उनके साथ यह बातचीत दिसम्बर 2014 में बनारस में हुई थी।

मैं आपसे आज की हिन्दी कविता के बारे में बात करना चाहता हूँ और यह भी कि आप बहुत पीछे न जायें, निराला तक भी नहीं। बल्कि हम मुक्तिबोध से भी आगे निकल आयें। आपकी पसन्द-नापसन्द, आपकी जाँच, आपकी निराशा और आपकी उम्मीद इस कविता से गहराई से जुड़ी हुई है। एक सिलसिले में हम लोग उन्हें जानना चाहते हैं।

मुक्तिबोध के बाद रघुवीर सहाय निस्सन्देह हिन्दी के सबसे बड़े कवि हैं। रघुवीर सहाय ने जिस शिद्दत और जिस गहराई से अपने बाद की युवा पीढ़ी को प्रभावित किया है, उतना मुक्तिबोध नहीं कर पाये। उसका कारण है। मुक्तिबोध की कविता में एक क्लैसिकियत है और *रियाल पॉलिटिक* की कमी है—उनके यहाँ प्रतीक हैं—डोमाजी उस्ताद हैं, ओरांग उटांग हैं, मुग़लिया कोर्ट से भागता हुआ क़ैदी है। रघुवीर सहाय ने इन सबको छोड़ दिया। वह इस तरफ़ गये ही नहीं। उन्होंने बिल्कुल उन लोगों को चुना—उन घटनाओं को, उन वारदातों को, उन व्यक्तियों को—जो या तो कल के अख़बार में थे, या आज के अख़बार में हैं या कल के अख़बार में होंगे। इससे उनकी कविता अख़बारी नहीं बनती। आज सारे संसार में क्या हुआ और कल क्या हो सकता है, इसकी जगह सिर्फ़ एक ही है—इनफार्मेशन—यानी समाचार-पत्र, क्योंकि आप कोई नजूमी या भविष्यद्रष्टा तो हैं नहीं, कि आगे होने वाले की कल्पना कर लें। आज की ठोस घटनाओं से—जो कल हुई ठोस घटनाओं का ही प्रसार हैं—आप कल होने वाली घटनाओं तक जा सकते हैं। इसके पीछे एक तर्क, एक प्रोग्रेसन, एक इतिहास है। ख़ला में इतिहास पैदा नहीं होता। पहले और बाद—ये हर इतिहास के लिए ज़रूरी हैं। रघुवीर सहाय के यहाँ सबसे बड़ी सिफ़त यह है कि वह हमारे वर्ग के आदमी थे। हमारे वर्ग के आदमी तो मुक्तिबोध भी थे, लेकिन मुक्तिबोध एक बहुत ही हाइटेंड सेंसिबिलिटी पर काम करते थे। ऐसा नहीं कि उनके यहाँ सड़क का यथार्थवाद सिरे से ग़ायब था। वह कभी-कभी आता था।

रोज़ाना यथार्थ मुक्तिबोध के यहाँ कम या ग़ायब क्यों है?

दरअसल मुक्तिबोध के साथ एक समस्या और थी। वह 1950 के ज़माने के सरकारी नौकर थे और उस ज़माने के सरकारी नौकर को पॉलिटिक्स डिस्कस करने की अनुमति नहीं थी। इसलिए मुक्तिबोध डे-टू-डे पॉलिटिक्स डिस्कस करने से बचते थे। वह सिद्धान्तों में गये। मुक्तिबोध के सारे राजनीतिक लेख उपनाम से लिखे गये हैं। उन्होंने भारत की रोज़ाना राजनीति के बारे में बहुत कम लिखा। उनका सारा लेखन आदर्शवादी और वैश्विकतावादी रहा। सोवियत रूस में जो हो रहा है, अमेरिका में जो हो रहा है, अल्जीयर्स में जो हो रहा है, वह उनके लेखन में है। यहाँ तक कि

पाकिस्तान पर भी उनके बहुत सारे कमेंट्स हैं। ये सब कुछ उन्होंने उपनाम से किया है, क्योंकि पहचान लिया जाना तब बहुत बड़ा और वास्तविक डर था। उस ज़माने में सीआईडी वाक़ई बहुत सक्रिय था और वाक़ई वामपन्थियों के पीछे पुलिस रहती थी और अगर आप सरकारी नौकर हैं और उपनाम से लिख भी रहे हैं तो यह भी एक ख़तरनाक गतिविधि थी। इससे आपकी नौकरी जा सकती थी। आप जेल जा सकते थे।

तो मुक्तिबोध गहराई वाली दैनन्दिन भारतीय राजनीति से दूर रहे। एक बात और थी। मुक्तिबोध इस मामले में बहुत आत्मचेतस थे कि उन्हें बड़े सिद्धान्तों पर बात करनी है। उनका गद्य कभी भी बहुत ज़्यादा वास्तविक ज़मीन पर नहीं आता, यानी बहुत चालू नहीं बनता। अपना पहिया वह ज़मीन के ऊपर रखते हैं। इसलिए उनकी कविता भी कभी रघुवीर सहाय जैसी कविता हो नहीं पायी। यह एक बड़ी पैराडॉक्सिकल बात है कि बात वह साम्यवाद की करते हैं, लेकिन उनकी भाषा एकदम सम्भ्रान्त रहती है। इसका एक कारण शायद यह भी हो सकता है कि वह अहिन्दीभाषी थे और मराठी की परम्परा उनके यहाँ मज़बूत थी। वह मराठी ब्राह्मण थे। वह उस तरह बोलचाल की उर्दू-मिश्रित दैनन्दिन भाषा का इस्तेमाल कर ही नहीं सकते थे। रघुवीरजी उत्तर प्रदेश के थे—लखनऊ के। रघुवीर सहाय ने शायद एक दिन भी सरकारी नौकरी न तो की और न ही उसकी परवाह की।

नहीं। वह आकाशवाणी, दिल्ली में लम्बे और यादगार सिलसिले में रहे थे।

हाँ। मैं ग़लत कह गया। आकाशवाणी की नौकरी उन्होंने की। लेकिन आप उनकी शुरुआती कविता का टेम्परामेंट देखें और मुक्तिबोध का देखें। मुक्तिबोध पर असर रहा छायावाद का—छायावाद के डिक्शन का। उनका भाषा वाला रजिस्टर कभी नीचे आया ही नहीं। मुक्तिबोध पर उर्दू का कोई असर आपको कभी नज़र नहीं आयेगा। ऐसा भी कहीं नहीं लगता कि उन्होंने शायरी पढ़ी है, जबकि रघुवीर सहाय के यहाँ आप क़दम-क़दम पर पायेंगे कि भले यह आदमी शायरी का दिखावटी ज्ञान न बतला रहा हो, लेकिन यह उर्दू में पगा हुआ है। और फिर, आल इंडिया रेडियो के किस सेक्शन में काम किया उन्होंने—ख़बरों के। वह संगीत में नहीं गये, टॉक्स में नहीं गये। वह ख़बरों की दुनिया में गये। वहाँ इस देश का राजनीतिक

यथार्थ उन्हें बार-बार प्रेरित करता रहा कि वह जनता की भाषा में बात करें, जनता के लिए परिचित और उपयोगी बिम्ब लायें। वह वात्स्यायनजी के साथ थे और एक साहित्यिक पत्र के सम्पादक हो गये थे, तब भी, उनकी भाषा में वह निम्नमध्यवर्गीय बनक हमेशा रही, जो हमें यह बताकर आकृष्ट करती है कि यह आदमी हमारे तबके का है, हमारी भाषा में बोलता है। आल इंडिया रेडियो छोड़कर नवभारत टाइम्स में आने के बाद, यानी ठेठ पत्रकार हो चुकने के ठीक बाद वह संसद के संवाददाता बनते हैं। संसद लोकतन्त्र का अखाड़ा है। अखाड़े की रिपोर्टिंग तो अखाड़ेबाज़ी की भाषा में ही करनी होगी। जब आप अखाड़े के पहलवानों से रोज़ मिलेंगे, उनके साथ उठेंगे-बैठेंगे तो आपमें भी वह लहजा आ जायेगा, जो नियमित अखाड़े जाने वाले व्यक्ति में आ जाया करता है, भले वह स्वयं अखाड़ेबाज़ न हो। एक अच्छे बॉक्सिंग मैच की रिपोर्टिंग करने वाला भले बॉक्सर न हो, बॉक्सिंग की सारी टेक्निकल शब्दावली वह जानता है। सारे दाँवपेंच वह जानता है। तो जानते हुए भी न जानना या न जानते हुए भी सबकुछ जानना। न करते हुए भी सबकुछ करना, ये बात रघुवीर सहाय में थी।

हम मुक्तिबोध बनाम रघुवीर सहाय के दिलचस्प और असम्भव मुक़दमे की ओर जा रहे हैं।

मुक्तिबोध के लिए हमारे मन में बहुत आदर है। बहुत आदरणीय आदमी के लिए होने वाला प्रेम भी है। रघुवीर सहाय के लिए हमारे मन में प्रेम बहुत है और आदर भी उतना ही है। मुक्तिबोध हमें दूर ही रखते हैं। उनका प्रभामण्डल—विराट स्वरूप—हमें उनके बहुत पास जाने नहीं देता। हमें लगता है कि यह आदमी बहुत महान, बहुत गम्भीर है। हमारी मानवता इसकी महानता में खलल डालेगी। हम वैसे नहीं हो सकते और हम इसके साथ बहुत देर तक रह भी नहीं सकते। जबकि रघुवीर सहाय आपको शामिल करते हैं। रघुवीर सहाय आपको आश्वस्त करते हैं। रघुवीर सहाय यह बतलाते हैं कि जो तुम इस राजनीति के बारे में समझ रहे हो, वह कोई बहुत ग़लत नहीं है, सोच मेरा भी यही है। वह आपको पुष्ट करते हुए चलते हैं। क्या तुम यह नहीं मानते हो कि संसद फेल हो चुकी है? मैं भी मानता हूँ कि संसद फेल हो गयी है। तुम यह मानते हो कि नब्बे प्रतिशत नेता भ्रष्ट हैं,

तो मैं भी मानता हूँ कि शायद पंचानबे प्रतिशत भ्रष्ट हैं। यदि तुम्हारी नाक तक इनकी बदबू आती है तो मेरी नाक तक भी आती है। यदि तुम इन्हें पाखण्डी और धूर्त समझते हो तो बिल्कुल सही है, मैं भी समझता हूँ। पहली बार कोई हिन्दी कवि जनता के ओपिनियंस के इतने नज़दीक आया। जनता भी पहली बार किसी कवि के ओपिनियंस के इतने नज़दीक आयी। वह हिन्दी के इतिहास में बेशक अपने ढंग के एकमात्र कवि-पत्रकार हैं।

श्रीकान्त वर्मा?

श्रीकान्त वर्मा आते हैं उनके बाद। सर्वेश्वर भी उनके बाद आते हैं। लेकिन, जिस तरह रघुवीर सहाय ने दैनन्दिन हिन्दीभाषी उत्तरभारतीय राजनीति को पकड़ा है, वह अद्भुत तो है ही, साथ में, हमें यह भी देखना है कि वह उत्तर प्रदेश के आदमी हैं। अगर आप उस समय के हिन्दी प्रदेश की राजनीतियों को देखें, तो मध्य प्रदेश में कोई ख़ास अपनी राजनीति थी नहीं। वह राजनीति राजस्थान में भी नहीं थी। हम हरियाणा की बात ही नहीं करते। दो ख़ास क़िस्म की राजनीतियाँ थीं, जिनके शायद दो ख़ास अपने रुझान रहे हों। उनकी अपनी भाषाएँ थीं। उनकी संस्कृतियाँ थीं। वे बिहार और उत्तर प्रदेश की राजनीतियाँ हैं। बिहार की राजनीति पर तब भी उत्तर प्रदेश की राजनीति का साया है। मध्य प्रदेश एकदम मार्जिनल था उस समय। आज भी, एक तरह से मध्य प्रदेश मुख्यधारा की राजनीति में है नहीं। राजस्थान मेनस्ट्रीम पॉलिटिक्स में नहीं है। हिन्दीभाषी राजनीति की मेनस्ट्रीम बनती है उत्तर प्रदेश और बिहार को मिलाकर ही। यह विचित्र बात है। रघुवीर सहाय इसी राजनीति को बहुत इंटीमेटली पकड़ते हैं। मुक्तिबोध का परिचय उस ज़माने के मध्य प्रदेश की राजनीति से नहीं था उतना। लोग एक और बात भूल जाते हैं कि मुक्तिबोध एक रियासत में पैदा हुए थे—मालवा कभी भी मध्य प्रदेश की मेनस्ट्रीम राजनीति में नहीं रहा। मध्य प्रदेश की मुख्यधारा में तो महाकोसल और छत्तीसगढ़ रहे। मालवा के साथ एक तरह की अजनबियत अभी तक बनी हुई है। यानी मुक्तिबोध हिन्दीभाषी नहीं, मुक्तिबोध ठेठ मध्य प्रदेश के राजनीतिक क्षेत्र के आदमी नहीं। वह नागपुर जाते हैं, लेकिन नागपुर पूरा का पूरा महाराष्ट्र में चला जाता है। 1956 में नये राज्य बन गये। विदर्भ और बरार का वह इलाका—जिसमें मुक्तिबोध

रहते थे—जो तब कांग्रेस का गढ़ था—वह मध्य प्रदेश के अस्तित्व में आने से पहले ही कटकर अलग हो जाता है। मुक्तिबोध को कभी मध्य प्रदेश की राजनीति समझ में नहीं आयी। उन्होंने उसे समझने की कोशिश भी नहीं की। शुरू से ही, उनका आधार मार्क्सवादी था।

लेकिन रघुवीर सहाय मार्क्सवादी नहीं थे।

रघुवीर सहाय भी ज़रूर मार्क्सवादी थे, लेकिन उस तरह के, सिद्धान्तों में घुसे हुए खाँटी मार्क्सवादी नहीं थे, जो मुक्तिबोध थे। सैद्धान्तिक पक्ष में मुक्तिबोध का बौद्धिक रिगर रघुवीर सहाय से कहीं ज़्यादा था। रियाल पॉलिटिक्स से मुक्तिबोध उतने ही अछूते थे। उनसे स्कैंडलबाज़ी नहीं होती थी। वह मध्य प्रदेश के किसी नेता पर व्यंग्य लिख नहीं सकते थे। वह रिपोर्टर नहीं थे। वह भी आल इंडिया रेडियो में थे, लेकिन उस तरह के नहीं, जैसे रघुवीर सहाय थे। उनकी *सर्विस कंडीशन* भी देखनी पड़ेगी, जो बड़ी दिलचस्प चीज़ हो सकती है, कि मुक्तिबोध का *कैडर* अन्ततः था क्या। मुक्तिबोध बहुत डरते थे। वह सरकार से बहुत ज़्यादा डरने वाले आदमी थे, क्योंकि वह एक तरह का *एडवेंचरिज़्म* अफोर्ड कर नहीं सकते थे। रघुवीर सहाय बहुत कम उम्र में ही आज़ाद हो गये थे और उन्हें इस बात की चिन्ता नहीं थी कि किसी सरकारी नौकरी में वह हैं, या नहीं हैं। वात्स्यायन तो उन्हें बतौर *फ्री पर्सन* ही दिल्ली लाये थे। उसके पहले भी वह वात्स्यायन का ही काम करते थे—प्रतीक में। रघुवीर सहाय ने सरकारी नौकर के बतौर शुरू ही नहीं किया। रघुवीर सहाय का यह बहुत बड़ा *एडवांटेज* है। उन्होंने शुरू से ही मन बना लिया है कि वह पत्रकार बनेंगे। सरकारी नौकरी नहीं करेंगे। करेंगे तो मजबूरी में। छोड़ देंगे। सारे जीवन-भर, मुक्तिबोध का लक्ष्य और नियति सरकारी नौकरी रही। आख़िर में, *लेक्चररशिप* प्राप्त करने के लिए उन्होंने सरकारी नौकरी छोड़ी। *एयरफोर्स* में थे, फिर *आल इंडिया रेडियो* में चले गये।

रोज़मर्रा राजनीति पर सहायजी की पकड़ बहुत पैनी थी, जबकि मुक्तिबोध की निगाह उसके वैश्विक स्वरूप पर है। रघुवीर सहाय इतने ज़्यादा *कमिटेड* नहीं थे मार्क्सवाद को लेकर। रघुवीर सहाय ने एक भी मार्क्सवादी पुस्तक ध्यान से न पढ़ी होगी। वह एक *इंट्युटिव* मार्क्सवादी रहे।

मुक्तिबोध ऐसा कर ही नहीं सकते थे। मुक्तिबोध *क्लैसिकल* ग्रन्थों में घुस गये होंगे—*दास कैपिटल* वगैरह में। मुक्तिबोध को उसके बगैर चैन मिलता ही नहीं। रघुवीर सहाय इन सबसे मुक्त थे। निस्सन्देह इस मुक्ति के पीछे वात्स्यायनजी भी रहे होंगे। एक और बात है कि श्रीपत राय और अमृत राय का जो मार्क्सवादी स्वरूप था, उससे रघुवीर सहाय को नफ़रत ही हुई होगी। जिस तरह की बहसबाज़ी ये लोग करते थे, उससे नफ़रत मुक्तिबोध को भी थी। अजीब बात है कि पार्टी की सारी कसरतों-कवायदों से मुक्तिबोध को बहुत नफ़रत थी। वह नफ़रत रघुवीर सहाय को भी थी। रघुवीर सहाय मार्क्सवाद से दूरी बनाये हुए थे। मुक्तिबोध मार्क्सवादी सिद्धान्त से तो बहुत *इंटिमेट* हैं, हिन्दुस्तान की मार्क्सवादी *पॉलिटिक्स* में बिल्कुल नहीं हैं। रघुवीर सहाय ने इन सारी चीज़ों का अपने कलात्मक लाभ के लिए इस्तेमाल कर लिया। उन्होंने तय किया था कि मुझे इस तरह का प्रतिबद्ध व्यक्ति नहीं होना है। जनता को जिस तरह की प्रतिबद्धता की समझ है, वैसा प्रतिबद्ध होना है। इस मामले में उनके *आइकन* थे लोहिया।

लोहिया जनता के आदमी थे। लोहिया संसद में बोलने वाले आदमी हैं, बहस करने वाले आदमी हैं, मज़ाक़ उड़ाने वाले आदमी हैं, पोलेमिकल आदमी हैं। लोहिया हिन्दी वालों के बीच उठने-बैठने वाले आदमी हैं। महाभारत पढ़े हुए आदमी हैं। उन्हें औरतों से भी प्यार है। वह द्रौपदी के बारे में एक अलग दृष्टि रखते हैं। वह जर्मनी से आये हैं। उनका बौद्धिक संसार यूरोप का है। यूरोप का *पोस्ट वॉर एटीट्यूड* है उनका। मुक्तिबोध ने वह दुनिया देखी ही नहीं थी। उनके पास पर्चे आते थे सोवियत रूस के। लोहिया को उसकी कोई ज़रूरत नहीं थी। रघुवीर सहाय को कोई आवश्यकता नहीं थी उसकी। रघुवीर सहाय का *लिबरेशन* इसलिए मैं बड़ा मानता हूँ कि वह कभी भी वात्स्यायन जैसे *स्नॉब* नहीं बने। वात्स्यायन में *ग्रासरूट पॉलिटिक्स* से एक अलग नफ़रत है। *प्रतीक* में भारतीय राजनीतिक यथार्थ पर एक भी लेख नहीं है। वात्स्यायनजी ने खुद *रियाल पॉलिटिक* पर एक भी लेख नहीं लिखा, क्योंकि वह भी परहेज़ करते थे। उनको लगता था कि राजनीति पर बात करने वाले वल्गर लोग हैं। मुक्तिबोध को वैसे लोग बेकार लगते थे, उन्हें पढ़ना बेकार लगता था। यदि मेरे पास मार्क्सवाद का सबकुछ

समझने-समझाने वाला *वेपन* है तो मैं क्यों जाऊँ? वात्स्यायन कह रहे हैं कि मैं इस सब से इतना ऊपर उठा हुआ हूँ कि मैं क्यों जाऊँ? उन्हें एक *डर्टी वर्क* करने वाला मिल भी गया—रघुवीर सहाय—यह जायेगा जनता के बीच। यह बड़ा अजीब है कि मुक्तिबोध कमिटेड होकर रह गये, जनता में नहीं पहुँचे, वात्स्यायन न इधर कमिटेड हुए, न उधर कमिटेड हुए—जनता के बीच वह भी नहीं गये। श्रीकान्त वर्मा की स्नॉबरी वात्स्यायन वाली है और *ग्रासरूट पॉलिटिक्स* से बचने के लिए वह *सुपरस्ट्रक्चर* का फ़ॉर्मूला अपनाते हैं, कि मैं मिनी माता आगमदास के फ़्लैट में रहकर ऊँचा पॉलिटिक्स करूँगा। वहीं उन्होंने लोहिया से भी राब्ता क़ायम किया। लेकिन जब उन्होंने देखा कि लोहिया का रास्ता सिवा संघर्ष के रास्ते के कुछ नहीं है, उससे मुझे कुछ नहीं मिलेगा, तो धीरे-धीरे उन्होंने मुक्तिबोध को छोड़ दिया, लोहिया को छोड़ दिया और इन्दिरा गाँधी को अपना लिया। जो स्नॉबरी वात्स्यायन राजनीति में भाग न लेकर दिखा रहे थे, श्रीकान्त ने वही स्नॉबरी कांग्रेस की पॉलिटिक्स में भाग लेकर दिखा दी। उन्होंने *स्नॉबरी* दिखायी आम कार्यकर्ता के प्रति। वह ख़ुद कार्यकर्ता बने ही नहीं। उन्होंने तय किया कि मैं ख़ास *वर्कर* बनूँगा। मुझे अगर जाना है तो मैं सीधा इन्दिरा गाँधी के पास जाऊँगा। ऐसा करने के लिए एक बौद्धिक बेस उन्होंने बनाया। वह दिनमान में *पॉलिटिकल रिपोर्टिंग* करते थे, लेकिन उनकी *पॉलिटिकल रिपोर्टिंग* कुल मिलाकर *प्रो कांग्रेस* थी। जब रघुवीर सहाय खाँटी पॉलिटिकल संवाददाता थे, तब श्रीकान्त वर्मा सड़क पर थे। तब तक श्रीकान्त वर्मा ने पत्रकारिता में कोई बहुत बड़ा काम नहीं किया था। उस ज़माने में नवभारत टाइम्स में सीधे विशेष संवाददाता होकर जाना और जाते ही सीधा संसद की कार्रवाई देखने पहुँच जाना-जहाँ आपको महान नेता रोज़ दिख रहे हैं। वहाँ बैठे आप रोज़ नेहरू को देख रहे हैं, पूरी कैबिनेट को देख रहे हैं। आप लोहिया की सारी हरकतें देख रहे हैं। आप कर्पूरी ठाकुर और सम्पूर्णानन्द को देख रहे हैं। पन्त को देख रहे हैं। रघुवीर सहाय का यह प्रशिक्षण अनमोल है, लेकिन इसके पीछे रघुवीर सहाय की चॉइस है कि मैं इस देश की राजनीति के बहुत गहरे अन्दर जाऊँगा और मैं इसकी गलाज़त और गन्दगी से डरूँगा नहीं, बल्कि उसी को उजागर करूँगा। यह बहुत बड़ा फ़ैसला था, वर्ना वह

भी श्रीकान्त वर्मा बन जाते। रघुवीर जी थोड़ा डरते भी थे कि अगर यह आदमी इतने क़रीब पहुँच गया है कांग्रेस की इतनी बड़ी नेता के, तो कल को पता नहीं क्या हो सकता है। और दरअसल वही हुआ। रघुवीर सहाय के सबसे ख़राब डर भी तो चरितार्थ हुए न। लेकिन उसके बाद पत्रकारिता पर पड़ने वाले राजनीति के असर की कल्पना रघुवीर सहाय ने नहीं की थी, कि कभी मेरे अमुक तरह के *इंटेलेक्चुअल* होने की गाज़ मेरे सम्पादक होने पर गिर सकती है और मेरा प्रो लोहिया होना मेरे ख़िलाफ़ इस्तेमाल किया जा सकता है, लेकिन मैं इन्दिरा गाँधी के पास नहीं जाऊँगा, उनकी चापलूसी नहीं करूँगा, क्योंकि वहाँ एक व्यक्ति पहले से मौजूद है—श्रीकान्त वर्मा।

श्रीकान्तजी और सहायजी के बीच कैसे रिश्ते थे?

श्रीकान्त वर्मा ने निस्सन्देह रघुवीर सहाय को तकलीफ़ दी। तब क्या हुआ था, इसका ठीक-ठीक ब्यौरा बहुत कम मालूम है, लेकिन कुल मिलाकर रघुवीर सहाय को अपने *बेस्ट पीरियड* में दिनमान छोड़ना पड़ा। दिनमान सबसे अच्छा और सबसे लम्बा रघुवीर सहाय के वक़्त ही निकला। वात्स्यायनजी ने स्थापित किया, लेकिन कितना चलाया? चार-पाँच साल। रघुवीर सहाय टेकओवर करते हैं 68-69 में और वह इमरजेंसी के बाद तक चलता है। इन दस सालों में उन्होंने भारतीय राजनीति की सारी उठापटक को बाहर के साथ-साथ खुद अपने जीवन पर भी घटते देख लिया। उन्होंने देख लिया कि इस देश की सारी ट्रेजेडी और कुछ नहीं, यहाँ की राजनीति है। यह एहसास उन्हें मार्क्सवाद की तरफ़ नहीं ले गया, यह अनुभव उन्हें लोहियावाद की ओर ले गया। लोहियावाद को सबसे बड़ा ब्लो *इमरजेंसी* ने दिया। उसके बाद लोहियावाद लौटा भी, लेकिन तब तक वह खुद *करप्ट* हो चुका था, क्योंकि सब लोग उसमें घुस गये थे। आप उस वक़्त यह तय नहीं कर सकते थे कि आपात्काल का विरोध सिर्फ़ लोहिया के सिद्धान्तों पर होगा। उस समय सबसे बड़ी पार्टी जनसंघ थी। अगर जनसंघ ही इन्दिरा गाँधी के ख़िलाफ़ आगे है तो लोहिया बहुत आगे जाते नहीं उस धारा में। इमरजेंसी की *एडवांटेज* जनसंघ ने लोहियावादियों से छीन ली। कांग्रेस-विरोध की विरासत तब से अब तक छिनी हुई ही है। वह आज तक लोहिया-विचार के खेमे में लौटी नहीं। रघुवीर सहाय इसीलिए एक बड़े भारी राजनीतिक कवि तो बनकर रह गये,

उसके आगे नहीं पहुँचे। उसका लगातार दण्ड उन्हें भुगतना पड़ा। रघुवीर सहाय की जमापूँजी—उनकी राजनीति का *एडवांटेज* नया कवि लेता है। वह नया कवि—जो नक्सलवाद के उदय के बाद वामपन्थी होकर लोहियावाद को नकार देता है, क्योंकि इस बीच वह लोहिया और जयप्रकाश नारायण की कई चालाकियों को समझ जाता है। चालाकी क्या सीमाओं को, कि ये इससे आगे जा ही नहीं सकते। इनका जो समाजवाद है, वह बहुत ज़्यादा काम आता ही नहीं है।

क्या लोहिया के विचार की सीमा रघुवीर सहाय और सहायोत्तर कविता की भी सीमा है?

राजनीतिक राजनीति की सीमाएँ अलग होती हैं और राजनीतिक साहित्य की सीमाएँ अलग। अगर आप लोहिया से प्रभावित होकर सम्पूर्ण क्रान्ति की बात साहित्य में लिखें तो वह *प्रैक्टिकल* भले न हो, एक बड़ा *मैसेज* देती है। लोहिया कहते हैं कि अगर मेरी पॉलिटिक्स से सम्पूर्ण क्रान्ति आयेगी तो उसके औज़ार कहाँ हैं आपके पास? उसका एजेंडा कहाँ है? उसकी पद्धति क्या होगी? यदि आपके ऊपर राष्ट्र की ज़िम्मेदारी गिर पड़ी तो आप *डिफेन्स* के सौदों में करेंगे क्या? लाखों-करोड़ों की योजनाओं में किस तरह से आप *करप्शन* नहीं होने देंगे? समर्पित कार्यकर्ता आपके पास कहाँ हैं? वैसे अफ़सर कहाँ हैं आपके पास? समाज उस ओर कब बदलेगा, जहाँ हर व्यक्ति कहे कि मैं एक पैसा न लूँगा, न दूँगा। मुझे ईमानदार काम चाहिए। जहाँ हर सर्विस *फर्स्ट रेट* हो। जहाँ चलती ट्रेन में *करप्शन* न होता हो। जहाँ *स्लीपर* की सीटें न बिकती हों। जहाँ नक़ली टिकटें न मिलती हों। कठिनाई असल राजनीति की बात से शुरू होती है।

आपके ख़याल में रघुवीर सहाय क्या इसी लाइन पर टिके रहे?

नहीं। बाद में रघुवीर सहाय ने एक *लेफ्टिस्ट स्टांस* अपना ही लिया। वह सुरक्षित था। लोहिया और जयप्रकाश ऐसा नहीं कर सकते थे। मुलायम सिंह यादव लोहियावादी समाजवाद के सबसे ख़राब उदाहरण हैं। उनका समाजवाद क्या है? या बसपा की ही क्या नीति है? जब तक आपके पास एक *साइंटिफिक एजेंडा* नहीं होगा, कुछ नहीं हो सकता। रघुवीर सहाय की कविता ने बहुत बड़े पैमाने पर राजनीति की भ्रष्टता को पहचाना। उन्होंने बताया कि राजनेताओं से उम्मीद नहीं की जा सकती।

लेकिन इसी बात को कोई कब तक दोहरायेगा? कविता में या कविता के बाहर भी, कब तक? इसके आगे क्या होगा? लोग ज़रूर पूछेंगे।

इसके बाद खाँटी *आइडियोलॉजी* में जम्प करना होगा, जो आप करना नहीं चाहते। रघुवीर सहाय एक हद के बाद कभी आगे गये नहीं। आलोक धन्वा जैसे जो कवि गये, उनका क्या हुआ? जन संस्कृति मंच की विचारधारा को ही क्या लेखक अपना रहे हैं? क्या सांस्कृतिक संगठनों के पास इस देश के भविष्य का कोई ख़ाका है? इस देश के भयंकर *डाइमेंशन्स* हैं—उनको कोई संगठन समझता भी है? रघुवीर सहाय की कविता की सबसे बड़ी उपलब्धि यही हैं कि उसने हिन्दी कविता को हमेशा के लिए *पोलिटिकली कांशस* बना दिया। उसने पहली बार यह बतलाया कि कविता का बहुत बड़ा *इनपुट* राजनीति है। यह निराला बता नहीं पाये थे। कबीर उस ज़माने में थे, जब ऐसा बताया जा नहीं सकता था। तब अधिक-से-अधिक हिन्दू-मुसलमान और जातपाँत ही मुद्दे थे।

कविता आज बिल्कुल राजनीति के मोर्चे पर है। बल्कि वह एक और राजनीति ही बन गयी है। हिन्दी कविता हिन्दीभाषी राजनीतिक क्षेत्र का वेद बन चुकी है। साहित्य में अगर राजनीति समझनी हो तो आपको हिन्दी कविता के पास जाना पड़ेगा और आज की हिन्दी कविता को दो ही लोग *टेम्पर* करते हैं। उसे लेफ्ट बनाते हैं मुक्तिबोध और आत्मवत्ता में डालते हैं रघुवीर सहाय। मुक्तिबोध उसका दिमाग़ तैयार करते हैं और रघुवीर सहाय उसका शरीर।

लेकिन दोनों में ज़्यादा बड़ा क्या है? ज़्यादा बड़ा वामपन्थी कमिटमेंट है या एक समग्र राजनीतिक अनुभव?

पहली स्टेज *कमिटमेंट* की ही है। लेकिन आप प्रगतिशील आन्दोलन की विफलता देखें। वह नकार दिया गया और रघुवीर सहाय और मुक्तिबोध को अपना लिया गया। आज कोई सुमन की बात नहीं करता, कोई नेपाली की बात नहीं करता, क्योंकि इनके पास सिवाय मोर्चेबाज़ी और छोटी मीटिंग के, कोई *इंटेलेक्ट* ही नहीं है। बड़े आन्दोलन का *इंटेलेक्ट* नहीं है। हिन्दी कविता को बड़े मूवमेंट का *इंटेलेक्ट* मुक्तिबोध और रघुवीर सहाय देते हैं। यदि आज हिन्दी साहित्य को यह एहसास है कि कितनी बड़ी समस्या उसके सामने है, तो यह मुक्तिबोध और रघुवीर सहाय के दम का ही जलवा है,

और किसी का नहीं। श्रीकान्त वर्मा ने समझौता कर लिया। वह मारे गये। सर्वेश्वर के यहाँ एक *रियरगार्ड एक्शन* है, लेकिन वह बचकाना है। वह *कन्विंस* ही नहीं करते।

रघुवीर सहाय के बाद क्या होता है?

रघुवीर सहाय के बाद उनके कुँवर नारायण और केदारनाथ सिंह जैसे समकालीनों को भी *सोशली कमिटेड* होना पड़ता है। ये दोनों थोड़ा *पॉलिटिकली कमिटेड* होने का भी धोखा देते हैं, क्योंकि ये डरते हैं—मुक्तिबोध के *कमिटमेंट* से भी और रघुवीर सहाय के *कमिटमेंट* से भी। अगर ये दोनों आगे निकले होते तो वाकई अनुकरणीय होते। लेकिन कोई चीज़ है जो इन्हें आगे बढ़ने से रोके हुए है। ग़ालिब के शब्दों में, 'आप आते थे मगर कोई अनागीर भी था।' इनके आने को कोई रोके हुए है। ये ख़ुद अपने घोड़े की लगाम पकड़े हुए हैं। वे घोड़े पर बैठे हुए हैं, उसे एड भी मार रहे हैं, लेकिन लगाम कसे हुए हैं। उनकी कविता उनका घोड़ा है और उस घोड़े को उनका आदेश है कि तू मेरी लात खा, लेकिन आगे मत जा। इस *स्टांस* के अपने फ़ायदे हैं, जो हम देख ही रहे हैं। जुड़े भी हैं, अलग भी हैं। इनकी कविता सर्कस वाला लोहे का घोड़ा है—पहिये वाला—एक जगह पर खड़ा—मनोरंजन करता हुआ। असली घोड़े वाले बहुत आगे निकल गये।

एक पुरानी फ़िल्म याद आ गयी। *अल्सीद*। *अल्सीद* बारहवीं- तेरहवीं सदी का एक नायक राजा है। वह इतना प्रतिष्ठित है कि उसकी मृत्यु के बाद राज्य के नागरिक सोचते हैं कि इसकी मृत्यु के बाद दूसरे राज्य की सेनाएँ हम पर हमला न कर दें। तो उन्होंने *अल्सीद* की लाश को घोड़े पर बिठाल कर आगे खड़ा कर दिया और शत्रु सेना मारे भय के पीछे हट गयी।

मुक्तिबोध और रघुवीर सहाय हमारे *अल्सीद* हैं। घोड़े पर बैठकर रण में सबसे आगे चलते हुए। युद्ध अभी जारी है और वे मैदान में हैं। उनके बाद धूमिल, आलोक धन्वा। धूमिल की असामयिक मृत्यु हो गयी। आलोक धन्वा चुप हो गये। इसके बाद हिन्दी की प्रतिबद्ध कविता मुक्तिबोध के प्रखर सिद्धान्तवाद और रघुवीर सहाय के इंटिमेट राजनीतिक अन्तर्ज्ञान के गोल्डेन मीन पर है। इसका एक उदाहरण चन्द्रकान्त देवताले हैं।

उनका पॉलिटिकल बेस कमज़ोर है। बौद्धिकता भी कम है। लेकिन राजनीति पर उसकी निगाह ज़्यादा रैडिकल है।

क्या चीज़ ज़्यादा रैडिकल है?

रघुवीर सहाय साम्प्रदायिकता को लेकर भी बहुत ज़्यादा मुखर नहीं हैं। हिन्दू-मुस्लिम सवाल पर जितनी शिद्दत से आज का कवि बोलता है, रघुवीर सहाय के यहाँ आप नहीं पायेंगे। उन्हें यह सवाल ही नहीं लगता था। पहले राजनीति सुधार लो, यह अपने आप सुधर जायेगा। यही ग़लती वामपन्थियों ने की। पहले समाज सुधार लो, साम्यवाद ले आओ, जातपात, धर्म आदि अपने आप सुधर जायेगा। दंगों पर लिखी गयीं रघुवीर सहाय की कविताएँ क्या उतनी मारक हैं, जितनी बाद में लिखी गयीं? सहायजी के धर्मनिरपेक्ष आग्रह भी न्यूट्रल क़िस्म के हैं।

क्या ऐसा है? मुझे तो केन्द्रीय रिज़र्व पुलिस और नीम का पेड़ वाली उनकी कविताएँ याद आ रही हैं, जो आपकी स्थापना के विरुद्ध हैं। बहरहाल अगर आपकी स्थापना को मान लें, तो आज की कविता में जो पक्षधर धर्मनिरपेक्षता है, उसके उत्स कहाँ हैं? क्या वह रघुवीर सहाय के बाद की चीज़ है?

श्रीकान्त वर्मा को देखिये। उनके यहाँ हिन्दू-मुस्लिम सवाल है ही नहीं। सहायजी ने अपनी भाषा में उसको खोज और पा लिया था, लेकिन एक मुद्दे के तौर पर वह उनके लिए बड़ी चीज़ है नहीं। अग्रगामी धर्मनिरपेक्षता या साम्प्रदायिकता से सीधी भिड़न्त उनके यहाँ नहीं है। सीधी भिड़न्त श्रीकान्तजी के यहाँ है, लेकिन वह विचारों नहीं, व्यक्तियों की मुठभेड़ है–इन्दिरा गाँधी बनाम स्वर्ण सिंह।

तब धर्मनिरपेक्षता की हिन्दी कविता में क्या अहमियत है?

कैसी बात करते हो? यह प्रोएक्टिव, ग़ैरतात्कालिक, ग़ैरराजनीतिक धर्मनिरपेक्षता हिन्दी कविता, बल्कि भारतीय कविता का सबसे बड़ा हासिल है, जो एक मूल्य में बदल गयी है और अपने सत्यापन के लिए उसे किसी दंगे या किसी अतिरेक की ज़रूरत नहीं है।

□□